DEATH NOTE

I091766S

CETTE ŒUVRE EST UNE FICTION.
TOUTE RESSEMBLANCE AVEC DES ÉVÉNEMENTS ET/OU DES
PERSONNAGES EXISTANTS SERAIT PUREMENT FORTUITE.

DÉCONSEILLÉ AUX MOINS DE 12 ANS.

ADOL BD DEA
(manga)

DEATH NOTE

Bibliothèque - Library
BEACONSFIELD
303 boul. Beaconsfield,
Beaconsfield, Qc H9W 4A7

REJETÉ
DISCARD

Scénario 大場つぐみ Tsugumi OHBA **Dessin** 小畑 健 Takeshi OBATA

DEATH NOTE
Misa Amane
Light Yagami
Ryûk
L
Rem
ISBN4-08-873621-4
a god of d
the note.

"Ceux dont le nom est écrit dans ce cahier meurent..." C'est Light Yagami, un brillant lycéen, qui a ramassé le death note que le dieu de la Mort Ryûk a laissé tomber. Sans trop y croire et non sans crainte, Light essaye ce cahier et voit quelqu'un mourir sous ses yeux. Il est terrifié mais il décide d'utiliser le death note pour construire la société idéale selon lui, en mettant au pas les criminels. Alors que les morts inexpliquées de criminels se multiplient dans le monde, L, un mystérieux personnage habitué à résoudre les affaires les plus complexes, entre en scène. Par le biais de la télévision, il déclare : "Je jure d'arrêter le coupable." Un véritable défi lancé à Light. Une bataille sans merci est sur le point de commencer entre eux...

Light élimine un à un tous ceux qui se mettent en travers de sa route tandis que L, en s'appuyant sur son analyse personnelle, fait peser les soupçons sur Light. Puis, contre toute attente, Light et L commencent à mener ensemble l'enquête sur le deuxième Kira : Light avec l'intention de le trouver avant L, et L, lui, pour pouvoir espionner Light...

Light a compris le message que le deuxième Kira a laissé dans la vidéo qu'il a envoyée à Sakura TV. Il met alors au point un plan pour entrer en contact avec lui à Aoyama. Mais, finalement, c'est le deuxième Kira qui découvre Light en premier. Mieux encore, il vient le retrouver chez lui, et c'est là qu'il lui promet de l'aider. Ensuite, Light prend la décision de tuer L en se servant de Rem, le dieu de la Mort de Misa, le deuxième Kira. En effet, celle-ci possède l'œil de la Mort. Il lui suffirait donc de rencontrer L pour pouvoir le tuer. Alors que Light croit la mort de L certaine, Misa est interpellée par la cellule d'enquête : elle est soupçonnée d'être le deuxième Kira. Coincé, Light choisit alors une solution étonnante : il demande à être placé sous surveillance permanente !

Watari

Mogi

Ukita

Aizawa

Matsuda

Naomi Misora

Raye Penber

Sayu Yagami

Sachiko Yagami

Sôichirô Yagami

Page 35. PAGE bLANCHE   7

Page 36. PÈRE ET FILS   27

Page 37. 8 PERSONNES   47

Page 38. ATTEINTE   71

Page 39. SÉPARATION   93

Page 40. PARTENAIRES   113

Page 41. MATSUdA   133

Page 42. PARAdIS   153

Page 43. NOIR   177

ICI, C'EST LE GENRE D'ENDROIT OÙ JE N'AIMERAIS PAS HABITER...

PREMIER JOUR DE SURVEILLANCE DE LIGHT YAGAMI.

Page 35. PAGE bLANChE

CEPENDANT, DANS CETTE SITUATION, SI LES MEURTRES DE NOUVEAUX CRIMINELS PRÉSENTES DANS LES MÉDIAS SE POURSUIVENT, JE SERAI OBLIGÉ D'ADMETTRE QUE CE N'EST PAS LUI. C'EST BIEN ÇA QUE TU VEUX, LIGHT ? POURTANT, SI C'EST CE QUI ARRIVE, JE PENSERAI FORCÉMENT QUE C'EST UN STRATAGÈME DE PLUS DE TA PART. LIGHT, JUSQU'À QUEL POINT AS-TU POUSSÉ TA RUSE...?

SI C'EST LUI, KIRA, LE MIEUX, CE SERAIT QU'IL AVOUE COMMENT IL TUE LES GENS ET QU'IL ME MONTRE COMMENT IL PROCÈDE... C'EST CE QUE JE M'ÉTAIS DIT. MAIS LÀ, DU COUP, JE SUIS UN PEU COINCÉ.

RYUZAKI...

CHEF YAGAMI...!!

FAIS-MOI QUITTER LA CELLULE D'ENQUÊTE...

C'EST JUSTE. IL NE FAUT PAS QUE LES SENTIMENTS PERSONNELS ENTRAVENT L'ENQUÊTE.

LORSQUE L'ON S'EST POSÉ LA QUESTION DE LA SURVEILLANCE DE LIGHT, J'ÉTAIS LE SEUL DONT LES SENTIMENTS PERSONNELS ENTRAIENT EN COMPTE ET LE SEUL QUI S'Y EST OPPOSÉ...

JE NE DEVRAIS PAS AVOIR LE DROIT D'ÊTRE ICI.

C'EST MON FILS QUI EST PLACÉ SOUS SURVEILLANCE, ET IL EST SOUPÇONNÉ D'ÊTRE KIRA...

... TU VOIS...

ALORS...

JE VOIS... VOUS POURRIEZ TUER VOTRE FILS ET VOUS DONNER LA MORT ENSUITE... C'EST UNE POSSIBILITÉ À NE PAS EXCLURE.

...

... SI JAMAIS IL S'AVÉRAIT QUE MON FILS ÉTAIT BIEN KIRA, JE NE SAIS PAS CE QUE JE FERAIS...

... MAIS QUOI QU'IL ARRIVE DORÉNAVANT...

JE SUIS D'ACCORD AVEC LE FAIT QUE VOUS NE DEVRIEZ PAS ÊTRE ICI...

...

!

... S'IL VOUS PLAÎT, N'ENVISAGEZ PAS DE DÉMISSIONNER.

TRÈS BIEN, J'AI COMPRIS...

...

DANS LA POLICE, C'EST COMME ÇA...

RYÛZAKI... MON FILS EST UN SUSPECT DANS L'AFFAIRE KIRA... CELA SERAIT LARGEMENT SUFFISANT POUR QUE JE DÉMISSIONNE...

... FAITES-LE LORSQUE LA CULPABILITÉ DE LIGHT SERA ÉTABLIE.

SEULS LES MEMBRES DE NOTRE QUARTIER GÉNÉRAL SAVENT QUE VOTRE FILS EST SOUPÇONNÉ D'ÊTRE KIRA. AUSSI, SI VOUS VOULIEZ DÉMISSIONNER...

MAIS... RYÛZAKI...

...

DÉMISSIONNER MAINTENANT NE SERAIT QU'UNE FUITE... JE ME DOIS DE DÉCOUVRIR LA VÉRITÉ, DE CONSTATER PAR MOI-MÊME QUE LIGHT EST INNOCENT.

OUI, TU AS RAISON...

JE PENSAIS BIEN QUE VOUS ME DIRIEZ ÇA. J'AI DÉJÀ DEMANDÉ À WATARI DE FAIRE LES PRÉPARATIFS.

!?

POUR L'INSTANT, JE SUIS CALME, MAIS L'AFFECTION QUE J'ÉPROUVE POUR MON FILS POURRAIT PRENDRE LE DESSUS À TOUT MOMENT...

!!

NE VEUX-TU PAS M'EMPRISONNER, MOI AUSSI ?!

DE PLUS, MÊME LORSQUE VOUS SEREZ EMPRISONNÉ, NOUS CONTINUERONS À VOUS INFORMER RÉGULIÈREMENT DES AVANCÉES DE L'ENQUÊTE...

NOUS NE DIRONS RIEN DE CET ARRANGEMENT À LIGHT : SI JAMAIS IL VOUS APPELLE, VOUS DEVREZ FAIRE COMME SI VOUS ÉTIEZ AU BUREAU.

NÉANMOINS, MONSIEUR YAGAMI, MÊME SI JE VOUS EMPRISONNE, VOUS DEVREZ CONTINUER À AGIR COMME VOUS L'AVEZ FAIT JUSQU'À MAINTENANT : ALLUMER VOTRE TÉLÉPHONE DE TEMPS EN TEMPS ET GARDER LE CONTACT AVEC VOTRE FAMILLE ET AVEC L'EXTÉRIEUR.

...

MERCI, RYÛZAKI...

...

CELA VOUS CONVIENT-IL ?

SÕICHIRÕ YAGAMI. TROISIÈME JOUR D'EMPRISONNEMENT.

... AUCUN PARMI CEUX DONT LES MÉDIAS ONT PARLÉ APRÈS L'EMPRISONNEMENT DE LIGHT.

IL Y A EFFECTIVEMENT EU DES DÉCÈS, MAIS...

Y A-T-IL EU HIER ET AVANT-HIER DE NOUVEAUX CRIMINELS PRÉSENTÉS DANS LES MÉDIAS ? ET PARMI EUX, CERTAINS SONT-ILS MORTS ?

ALORS, RYÛZAKI ?

MONSIEUR LE STALKER, JE VEUX ME LAVER.

VOUS SAVEZ FORCÉMENT OÙ J'HABITE. ALORS, APPORTEZ-MOI DES VÊTEMENTS DE RECHANGE.

LÀ, ÇA PREND UNE AMPLEUR INATTEN-DUE...

MOI, LE CHEF ME FAIT DE LA PEINE...

NOUS N'EN SOMMES QU'AU TROISIÈME JOUR. C'EST PEUT-ÊTRE UNE SIMPLE COÏNCIDENCE.

BIEN ! ÇA VEUT DIRE QUE JE SUIS PEUT-ÊTRE VRAIMENT KIRA...

JE VEUX UNE POMME...

OUI.

LES MEURTRES ONT CESSÉ DE SE PRODUIRE ?

C'EST VRAI...?

SI TU VAS ME CHERCHER DES VÊTEMENTS, JE POURRAI ME CHANGER ET POSER POUR TOI...

MONSIEUR LE STALKER... TU NE TIRERAS PAS GRAND-CHOSE D'UNE VIDÉO OÙ JE SUIS JUSTE ASSISE...

LIGHT, JE SUIS À BOUT... IL FAUT QUE JE MANGE UNE POMME...

LE 5ᵉ JOUR.

POUR L'INSTANT, IL FAUT PATIENTER...

JE SUIS PLUS INQUIET POUR LE CHEF YAGAMI QUE POUR LIGHT ET MISA...

OUI... CELA PROUVE PRATIQUEMENT QUE LIGHT EST BIEN KIRA...

OUI, ÉVIDEMMENT. CELA FAIT CINQ JOURS QUE LIGHT EST ENFERMÉ ET AUTANT DE JOURS QUE LES MEURTRES DES NOUVEAUX CRIMINELS SE SONT ARRÊTÉS. ET DANS CE CAS, C'EST POUR SON PÈRE QUE C'EST DUR...

TU AS DU NOUVEAU ?! DU BON ? DU MAUVAIS ?!

TAC TA "1

OUI ?! JE T'ÉCOUTE !

MONSIEUR YAGAMI...

TA TA OLIC

NON, POUR L'INSTANT, C'EST ICI QUE JE SUIS LE MIEUX.

AH OUI ? TU CROIS VRAIMENT QU'IL Y A UN ENDROIT OÙ JE ME SENTIRAIS BIEN ?

VOUS SAVEZ, JE CROIS QU'ON EN A POUR UN BON MOMENT. QUE DIRIEZ-VOUS DE QUITTER CETTE CELLULE POUR UN ENDROIT PLUS CONFORTABLE OÙ VOUS POURRIEZ RÉCUPÉRER DES FORCES ?

NON... JE VOULAIS JUSTE VOUS DIRE DE NE PAS TROP PRENDRE SUR VOUS... QUE VOUS VOUS TORTURIEZ L'ESPRIT MAINTENANT NE CHANGERA RIEN...

ENTENDU...

...

QUEL QUE SOIT LE RÉSULTAT FINAL, JE QUITTERAI CETTE CELLULE EN MÊME TEMPS QUE MON FILS !

7ᵉ JOUR.

... JE LA JETTE.

OUI... ÉVIDEMMENT, ON NE ME VOIT PAS SOUS MON MEILLEUR JOUR, MAIS MA FIERTÉ MAL PLACÉE...

LIGHT, IL NE S'EST ÉCOULÉ QU'UNE SEMAINE, MAIS TU COMMENCES À ÊTRE FATIGUÉ, NON ? ÇA VA ALLER ?

TRÈS BIEN...

... PEU IMPORTE LE CONTEXTE DE LA PHRASE, CELA VOUDRA DIRE QUE JE RENONCE AU DEATH NOTE.

LA PROCHAINE FOIS QUE J'EMPLOIERAI LE VERBE "JETER"...

18

JE RECONNAIS QUE J'AI CHOISI MOI-MÊME CET ENFERMEMENT ET QUE J'AI ACCEPTÉ D'ÊTRE SOUS SURVEILLANCE... MAIS JE VIENS DE ME RENDRE COMPTE QUE CE QUE JE FAISAIS ICI ÉTAIT INUTILE. ÇA N'A AUCUN SENS ! POURQUOI ? PARCE QUE JE NE SUIS PAS KIRA !! ALORS FAIS-MOI SORTIR D'ICI !

RYUZAKI~

...

OUI, JE SAIS, C'EST CE QUE J'AI DIT. MAIS...

...

PAS QUESTION. TANT QUE JE NE SAURAI PAS SI TU ES KIRA OU PAS, QUOI QU'IL ARRIVE, J'AI PROMIS DE NE PAS TE FAIRE SORTIR. ET JE TE RAPPELLE QUE C'ÉTAIT AUSSI TON SOUHAIT.

?

...

TU AS RAISON, JE NE PENSE PAS NON PLUS QUE KIRA NE SOIT PAS CONSCIENT DE SES ACTES...

JE NE SAIS PAS DE QUELS POUVOIRS DISPOSE KIRA, MAIS JE SUIS SÛR QU'UN TUEUR DE GRANDE ENVERGURE COMME LUI EXISTE BIEN, EN CHAIR ET EN OS, ET QU'IL AGIT DE SA PROPRE VOLONTÉ !! C'EST POUR ÇA QU'IL EST IMPOSSIBLE QUE JE SOIS KIRA !!

... JE ME DEMANDE CE QUI M'A PRIS DE DIRE ÇA ! PEUX-TU IMAGINER SÉRIEUSEMENT QUE J'AIE ACCOMPLI LES ACTES D'UN TUEUR EN SÉRIE COMME KIRA SANS EN AVOIR CONSCIENCE ?!

...

MOI, JE PENSE QUE TU NOUS CACHES SIMPLEMENT LE FAIT QUE TU ES KIRA.

MAIS SI TU ES BIEN KIRA, IL EST LOGIQUE QUE TU REFUSES DE LE RECONNAÎTRE, PARCE QUE DEPUIS L'INSTANT MÊME OÙ NOUS T'AVONS ENFERMÉ, LES MEURTRES DE CRIMINELS ONT CESSÉ...

LIGHT, LES PERSONNES PRÉSENTES ICI SONT LES SEULES À SAVOIR QUE TU ES EMPRISONNÉ. ET POURTANT, LES MEURTRES SE SONT ARRÊTÉS IMMÉDIATEMENT APRÈS...

PIÉGER...?

JE TE LE DIS AVEC SANG-FROID ET JE NE VOIS QU'UNE SEULE HYPOTHÈSE : JE ME SUIS FAIT PIÉGER.

RYÛZAKI, ÉCOUTE-MOI BIEN... JE T'ASSURE QUE JE NE TE MENS PAS : JE NE SUIS PAS KIRA !

CE QUE TU RACONTES EST INSENSÉ... CEPENDANT, JE SENS QU'ON APPROCHE DE LA VÉRITÉ...

LIGHT... QUE T'ARRIVE-T-IL ?

JE VEUX LE DÉMASQUER, MOI AUSSI ! ALORS FAIS-MOI SORTIR !

DANS CE CAS, KIRA EST L'UN DE VOUS !

...

NON. C'EST IMPOSSIBLE.

FAIS-MOI SORTIR D'ICI ! ON PERD NOTRE TEMPS.

CELA FAIT UNE SEMAINE QU'IL EST ENFERMÉ... MÊME LUI A FINI PAR CRAQUER...

...

C'EST BIZARRE... ÇA NE LUI RESSEMBLE PAS. IL REVIENT SUR SES PAROLES, CE QU'IL DIT N'EST PLUS LOGIQUE...

QU'EST-CE QUI M'A PRIS DE FAIRE ÇA...?

MERDE...

...

OUI... ET QUOI QU'ON EN DISE, SI LA SITUATION NE CHANGE PAS, ON POURRA BOUCLER CETTE AFFAIRE EN CONCLUANT QUE LIGHT EST KIRA.

À PARTIR DU MOMENT OÙ LES MEURTRES SE SONT ARRÊTÉS, ON NE PEUT PLUS LE LIBÉRER. MÊME MOI, JE PEUX COMPRENDRE ÇA.

QU'EST-CE QUE ÇA VEUT DIRE ?!

15e JOUR.

NON, PAS ENCORE...

VOUS AVEZ PRÉVENU LE CHEF ?

OUI... KIRA EST DE RETOUR...

ALORS QUE CELA FAISAIT PLUS DE 15 JOURS QU'IL N'Y AVAIT PLUS EU DE MEURTRES DE CRIMINELS, HIER, D'UN SEUL COUP...

QUOI ?!

CHEF YAGAMI ! KIRA EST PASSÉ À L'ACTION !

KIRA DE RETOUR

ASA-YOMI-SHIN-BUN

22

JE NE DEVRAIS PAS ME RÉJOUIR QUE DES MEURTRES SE PRODUISENT, MAIS LIGHT VA DONC ÊTRE...

MAIS ALORS... MON FILS...

MATSUDA, C'EST VRAI ?!

C'ÉTAIT UN ARRÊT TEMPORAIRE ! LES CHÂTIMENTS ENVERS LES CRIMINELS ONT REPRIS !

...

NON... RYÛZAKI... MON FILS N'EST PAS ENCORE BLANCHI...

OUI... LUI DONT LA RÉPUTATION ÉTAIT QUASIMENT NOIRCIE...

CHEF ! VOUS AVEZ ENTENDU ?!

C'EST PROBABLEMENT UN GRIS TRÈS PROCHE DU BLANC !

... GRIS...

DISONS...

!

TAC クリ!

MATSUDA !
NON,
ARRÊTEZ !

IL FAUT
LE DIRE
À LIGHT.

カチ
CLIC

MAIS...

NE LUI
DITES
RIEN !

NE DIS
PAS DE
BÊTISES...

AUCUN
CRIMINEL
N'A ÉTÉ
CHÂTIÉ
DEPUIS DEUX
SEMAINES.
ALORS SOIS
RAISONNABLE
ET AVOUE
QUE TU
ES KIRA.

OUI,
RYÛZAKI ?

LIGHT...

24

TU CROIS QUE CE SONT CEUX DE QUELQU'UN QUI MENT ? ALLEZ, FAIS-MOI SORTIR !

FAIS UN ZOOM OÙ CE QUE TU VEUX, MAIS REGARDE MES YEUX !

CE N'EST PAS MOI !

TU AS FAIT FAUSSE ROUTE, RYÛZAKI. VU LES ÉLÉMENTS DE L'ENQUÊTE, JE COMPRENDS CE QUI T'A AMENÉ À ME SOUPÇONNER D'ÊTRE KIRA. MAIS C'EST UN PIÈGE !

C'EST QUAND MÊME LUI QUI A CHÂTIÉ CEUX QUI AVAIENT TUÉ MES PARENTS. C'EST UN JUSTICIER.

QUOI ? ENCORE CETTE QUESTION ? J'AIMERAIS BIEN LE SAVOIR, OUI...

MISA... TU NE SAIS VRAIMENT PAS QUI EST KIRA ?

JE NE COMPRENDS RIEN À CE QUI SE PASSE...

...

DEATH NOTE
HOW to USE it
XXIV

○ The god of death must not stay in the human world without a particular reason. Conditions to stay in the human world are as follows:

Un dieu de la Mort ne peut pas rester dans le monde des humains sans raison particulière. Les conditions pour y rester sont les suivantes :

I.   When the god of death's DEATH NOTE is handed to a human.

I.   Quand son death note est entre les mains d'un humain.

II.   Essentially, finding a human to pass on the DEATH NOTE should be done from the world of the gods of death, but if it is within 82 hours this may also be done in the human world.

II.   Habituellement, il doit trouver un acquéreur du death note depuis le monde des dieux de la Mort, mais s'il le fait dans un délai de 82 heures, cela peut se faire à partir de celui des humains.

III.   When a god of death stalks an individual with an intention to kill them, as long as it is within 82 hours of haunting them, the god of death may stay in the human world.

III.   Lorsqu'un dieu de la Mort suit un homme avec l'intention de le tuer et qu'il a besoin de l'observer pour cela, il dispose de 82 heures dans le monde des humains.

J'ÉLIMINE LES CRIMINELS DONT PARLENT LES MÉDIAS.

ENSUITE, JE POURRAI UTILISER CE CAHIER COMME JE LE VEUX. C'EST BIEN LA CONDITION, N'EST-CE PAS ?

AINSI, MISA DEVRAIT ÊTRE SAUVÉE...

OUI.

... C'EST UN BON DEAL.

POUR TOI, REM, COMME POUR MOI...

Page 36. PÈRE ET FILS

50e
JOUR
D'EM-
PRI-
SON-
NE-
MENT.

JE QUITTERAI CETTE CELLULE EN MÊME TEMPS QUE LIGHT.

IL Y A PLUS D'UN MOIS QUE LES MEURTRES ONT REPRIS... JE SUIS CONVAINCU QUE MON FILS N'EST PAS KIRA... IL NE RESTE PLUS QUE TOI À PERSUADER, RYÛZAKI.

MONSIEUR YAGAMI, ÇA VA ? IL N'EST PLUS NÉCESSAIRE QUE VOUS RESTIEZ ENFERMÉ.

...

LE CHEF EST TENACE...

...

?

28

OUI, ÇA VA MAIS...

!

LIGHT, ÇA VA ?

RYÛZAKI, C'EST DÉGUEULASSE... TU NE LUI AS TOUJOURS PAS DIT LA VÉRITÉ SUR LA REPRISE DES MEURTRES...

NON, C'EST FAUX ! COMBIEN DE FOIS DOIS-JE TE LE DIRE ?

NON. S'IL N'Y A PLUS DE VICTIMES, C'EST PARCE QUE TU ES KIRA.

S'IL EST KIRA, IL DOIT SAVOIR QUE LES MEURTRES ONT RECOMMENCÉ ! IL A POURTANT L'AIR DE L'IGNORER...

MAIS IL EST TRÈS PROBABLE QUE KIRA SOIT EN FAIT QUELQU'UN QUI AIT CONNAISSANCE DE MA SITUATION. C'EST UNE PISTE QUE...

RYÛZAKI... DEPUIS QUE JE SUIS ENFERMÉ, IL N'Y A PLUS DE MEURTRES DE CRIMINELS...

TU ES BÊTE, OU TU LE FAIS EXPRÈS ? SI APRÈS AVOIR PASSÉ PLUSIEURS DIZAINES DE JOURS AINSI, J'ALLAIS BIEN, JE NE SERAIS PAS UNE FILLE NORMALE.

OUI, C'EST VRAI.

JE SAIS QUE TU NE TE SENS PAS BIEN, MAIS EST-CE QUE ÇA VA ?

OUI ?

MISA...

...

JE CROIS QU'ILS SONT TOUS LES TROIS À BOUT...

J'AI ENVIE DE VOIR LIGHT... LIGHT...

RELÂCHE-MOI !

NON...

NI LIGHT NI AMANE N'ONT ACCÈS AUX INFORMATIONS DE L'EXTÉRIEUR. TU SAIS QUE C'EST SUFFISANT...

RYÛZAKI... POURQUOI GARDES-TU LIGHT PRISONNIER ? TU DOIS LE FAIRE SORTIR. AINSI LE CHEF YAGAMI SORTIRA À SON TOUR.

...

TOUT CE QUE J'AI PU VÉRIFIER, C'EST L'AMOUR PRESQUE FOU DE MISA POUR LIGHT.

!!

ALORS C'EST CE QUE VOUS PENSEZ ?

RYŪZAKI...

JE SUIS DÉSOLÉ, MAIS JE CROIS QUE TU FAIS ÇA PARCE QUE TU NE VEUX PAS ADMETTRE QUE TU T'ES TROMPÉ EN PENSANT QUE LIGHT ÉTAIT KIRA.

JE VOIS... S'IL EST CAPABLE DE TUER ALORS QU'IL EST EMPRISONNÉ COMME C'EST LE CAS MAINTENANT, IL N'AVAIT AUCUNE RAISON DE S'INQUIÉTER DE LA PRÉSENCE DU FBI...

KIRA NE TUE PAS PLUS QUE NÉCESSAIRE. C'EST TOI-MÊME QUI AS AFFIRMÉ CELA, NON ?

COMME L'A DIT LIGHT, KIRA A TUÉ LIND L. TAILOR ET LES AGENTS DU FBI. S'IL POUVAIT TUER DES PERSONNES SANS DISPOSER D'INFORMATIONS SUR ELLES, POURQUOI AURAIT-IL EU BESOIN DE TUER TAILOR ET LES AGENTS DU FBI ? IL SAVAIT TRÈS BIEN QU'IL NOUS ÉTAIT IMPOSSIBLE DE LE RETROUVER.

C'EST BON, J'AI COMPRIS.

...

CELA FAIT 50 JOURS QU'IL EST EMPRISONNÉ, RYŪZAKI ! LE RETENIR N'A PLUS AUCUN SENS ! NOUS FERIONS MIEUX DE PENSER À ATTRAPER LE VRAI KIRA !!

LORSQUE LA MAISON DE LIGHT A ÉTÉ FOUILLÉE, NOUS N'AVONS RIEN TROUVÉ. ENFIN, SI : ON A TROUVÉ DANS UN TIROIR À DOUBLE FOND UN CALEPIN DANS LEQUEL IL AVAIT PRIS DES NOTES SUR L'ENQUÊTE ET DONT LA DERNIÈRE PHRASE ÉTAIT "KIRA, C'EST PEUT-ÊTRE MOI"...

OUI ?

J'AIMERAIS VRAIMENT POUVOIR M'ENTRETENIR AVEC VOUS, EN FACE À FACE. ACCEPTERIEZ-VOUS DE VENIR AU Q.G. POUR CELA ?

MONSIEUR YAGAMI !

...

C'EST D'AC-CORD...

JE VOUDRAIS VOUS FAIRE PARTAGER MES CONCLUSIONS SUR NOTRE AFFAIRE. VU QUE VOUS ÊTES LE PÈRE DE LIGHT, JE COMMENCERAI PAR VOUS.

!?

...

UN INSPEC-TEUR ?!

JE NE SUIS PAS UN STALKER. JE SUIS UN INSPECTEUR DE POLICE.

ALORS VOUS ALLEZ ENFIN ME LIBÉRER ?

ÇA ALORS... JE NE PENSAIS PAS QUE MON STALKER ÉTAIT UN HOMME DE VOTRE ÂGE...

ENFIN, DE TOUTE FAÇON, VU QUE VOUS ALLEZ ME LIBÉRER, VOUS POURRIEZ AU MOINS M'ENLEVER LES MENOTTES AUX PIEDS ET AUX MAINS.

TAIS-TOI, S'IL TE PLAÎT...

AU DÉBUT... QUELQU'UN M'A DIT QUE J'ÉTAIS SOUPÇONNÉE D'ÊTRE LE DEUXIÈME KIRA OU QUELQUE CHOSE COMME ÇA... C'ÉTAIT VRAI ?!

ÇA... ÇA ME REVIENT...

L EN EST ARRIVÉ À LA CONCLUSION QUE TU ES KIRA ET MISA AMANE, LE DEUXIÈME KIRA.

ET NOUS PENSONS QUE SI VOUS ÊTES EXÉCUTÉS, LES MEURTRES DE CRIMINELS S'ARRÊTERONT.

...

C'EST CERTAINEMENT UNE MANIPULATION DE L POUR TE PRIVER DE TA LIBERTÉ. LE PROBLÈME N'EST PAS LÀ.

COMMENT ? MAIS CE N'EST PAS CE QUI M'A ÉTÉ DIT...

NON, ILS ONT TOUJOURS LIEU.

JE CROYAIS QUE LES MEURTRES DE KIRA AVAIENT STOP...

MAIS ENFIN, MONSIEUR, QU'EST-CE QUI VOUS PREND ?! C'EST VOTRE FILS !!

C'EST... C'EST INSENSÉ ! PAPA ! JE NE SUIS PAS KIRA !

KIRA VA ÊTRE ÉLIMINÉ SANS QUE LES GENS LE SACHENT...

L'IDÉE DE L SELON LAQUELLE VOTRE EXÉCUTION STOPPERAIT LES MEURTRES A ÉTÉ IMMÉDIATEMENT ACCEPTÉE PAR LES NATIONS UNIES, LE GOUVERNEMENT...

36

L S'EST ENGAGÉ DANS CETTE AFFAIRE : IL EST PRÊT À MOURIR SI SON IDÉE S'AVÈRE FAUSSE, SI LES MEURTRES NE S'ARRÊTENT PAS.

PAPA ! TU CROIS DAVANTAGE L QUE MOI ?

POUR TOUTES LES PERSONNES EN RAPPORT AVEC LA POLICE, CE QU'IL DIT EST INCONTESTABLE. LES AFFAIRES DIFFICILES QU'IL A RÉSOLUES PAR LE PASSÉ JOUENT EN SA FAVEUR : IL NE S'EST JAMAIS TROMPÉ.

CE N'EST PAS MOI QUI DÉCIDE. C'EST L...

JE RECONNAIS QUE LES DOCUMENTS QUI ONT SERVI DE BASE À L'ENQUÊTE PEUVENT CONDUIRE À CES CONCLUSIONS... MAIS LÀ, C'EST UNE ERREUR... IL SE TROMPE... COMMENT EN EST-IL ARRIVÉ LÀ ?

L... À QUOI JOUET-IL...?

BON... NOUS Y SOMMES.

ÇA NE RESSEMBLE PAS À SES MÉTHODES. JUSQU'À PRÉSENT, IL A TOUJOURS APPORTÉ DES PREUVES À SES ASSERTIONS, ET LÀ, ÇA SE TERMINERAIT COMME ÇA ?

IL Y A QUELQUE CHOSE QUI CLOCHE...

AH ! MONSIEUR, VOUS ALLEZ NOUS LAISSER PARTIR ?!

OÙ SOMMES-NOUS ? QU'EST-CE QU'ON FAIT DANS UN ENDROIT DÉSERT COMME CELUI-CI ?

?

LIGHT...

J'AI DÉCIDÉ DE VOUS AMENER ICI ET NON AU LIEU DE L'EXÉCUTION.

ICI, QUOI QU'IL VOUS ARRIVE, PERSONNE N'EN SERA TÉMOIN...

TU NE FERAIS PAS ÇA...

QUE... PAPA, QU'EST-CE QUE TU RACONTES ?!

JE VAIS TE TUER AVANT DE ME DONNER LA MORT.

PARCE QUE LÀ, VOUS FAITES LA MÊME CHOSE QUE KIRA ! ÇA NE VAUT PAS MIEUX !!!

SI VOUS VOULIEZ MOURIR, MOUREZ SEUL !

PARCE QUE VOTRE FILS EST KIRA, VOUS ALLEZ LE TUER ET VOUS TUER ENSUITE ?

MONSIEUR YAGAMI, ARRÊTEZ !!

NON !! ASSEZ !! C'EST ABSURDE !!

MOI, J'AI LES RESPONSABILITÉS D'UN PÈRE ET D'UN CHEF DE LA POLICE.

NON... IL Y A UNE DIFFÉRENCE...

LA DÉCISION A ÉTÉ PRISE EN HAUT LIEU. PUISQUE TU DOIS DE TOUTE FAÇON MOURIR, AUTANT QUE CE SOIT DE MA MAIN...

IL EST TROP TARD, LIGHT...

ET PENDANT QUE NOUS FUIRONS, LA VÉRITÉ ÉCLATERA PEUT-ÊTRE ! MIEUX ENCORE... NOUS POURRONS NOUS-MÊMES TROUVER LA VÉRITÉ !

DANS CE CAS, LA FUITE EST LA MEILLEURE SOLUTION.

MISA A RAISON, PAPA. SI L'ON MEURT ICI, PERSONNE NE CONNAÎTRA JAMAIS LA VÉRITÉ !

!!

ARRÊTE, PAPA ! JE TE DIS QUE CE N'EST PAS MOI ! SI JE MEURS ICI, TU AURAS JOUÉ LE JEU DE KIRA ! TU NE COMPRENDS PAS ?!

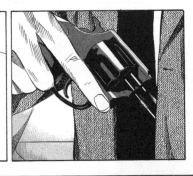

IL N'Y A PERSONNE ICI. ALORS SI NOUS POSSÉDIONS CES POUVOIRS...

J'AI COMPRIS !! SI L'UN DE NOUS DEUX AVAIT LES POUVOIRS DE KIRA, IL NE SE LAISSERAIT PAS TUER SANS RIEN FAIRE !!

NÉANMOINS, LA POLICE VIENDRA CHERCHER CETTE VOITURE. TU SERAS ALORS EXÉCUTÉE COMME PRÉVU...

AMANE, MON FILS ET MOI ALLONS MOURIR ICI, MAIS JE N'AI PAS LE DROIT DE TE TUER.

"TANT MIEUX" ?
QU'EST-CE
QUI T'ARRIVE,
PAPA...?

AH...
TANT
MIEUX...

ZA†
#=/.

UN COUP
À BLANC...?

COMPRENEZ QUE SI J'AI AGI AINSI, C'EST JUSTEMENT PARCE QUE JE CROIS EN VOTRE INNOCENCE.

PARDONNEZ-MOI, TOUS LES DEUX... C'ÉTAIT LE SEUL MOYEN POUR VOUS FAIRE LIBÉRER...

?? !

TU AS TOUT VU, RYÛZAKI ? J'AI FAIT EXACTEMENT CE QUE TU M'AVAIS DEMANDÉ, ET TU VOIS, JE SUIS TOUJOURS EN VIE.

OUI. VOUS AVEZ JOUÉ LE JEU À LA PERFECTION.

EN SUPPOSANT QUE KIRA PUISSE TUER SA VICTIME EN LA VOYANT, SI MISA AVAIT ÉTÉ LE DEUXIÈME KIRA, ELLE VOUS AURAIT TUÉ AVANT QUE VOUS NE TIRIEZ SUR LIGHT...

... COMME QUE JE VOUS L'AVAIS PROMIS, ILS PEUVENT ÊTRE RELÂCHÉS.

QUANT À LIGHT, S'IL AVAIT ÉTÉ KIRA, LE KIRA QUE J'IMAGINE, MÊME SI VOUS ÊTES SON PÈRE, DANS UNE TELLE SITUATION, IL VOUS AURAIT TUÉ... CECI DIT, LIGHT A TRÈS BIEN PU VOIR QUE VOUS JOUIEZ LA COMÉDIE MAIS...

QUOI ? JE SUIS ENCORE SOUPÇON- NÉE ?

PAR CONTRE, MÊME SI MISA AMANE NOUS A AFFIRMÉ QUE LES CASSETTES ÉTAIENT LIÉES AUX SCIENCES OCCULTES, LE FAIT QU'ELLE AIT RECONNU LES AVOIR ENVOYÉES AINSI QUE LES DIFFÉRENTES PREUVES QUE NOUS AVONS ME PERMETTENT DE LA GARDER SOUS SURVEILLANCE.

?

ENSUITE, POUR LIGHT, COMME PROMIS...

OUI, DE TOUTE FAÇON, JE NE SUIS PAS LE DEUXIÈME KIRA. C'EST UN PEU COMME SI J'AVAIS DES GARDES DU CORPS !

OUI, NÉANMOINS, TU VAS POUVOIR REPRENDRE TA VIE NORMALEMENT. C'EST DÉJÀ BIEN, NON ? SI TU N'AS RIEN À TE REPROCHER, DIS-TOI QUE C'EST UNE PROTECTION DE LA POLICE, DAVANTAGE QU'UNE SURVEIL- LANCE.

DEATH NOTE
How to use it
XXV

○ The god of death must not hand the DEATH NOTE directly to a child under 6 years of age (based on the human calendar).

Un dieu de la Mort ne doit pas donner le death note à un enfant de moins de 6 ans [selon le calendrier humain].

○ The DEATH NOTE must not be handed to a child under 6 years of age, but DEATH NOTES that have been dropped into the human world, and are part of the human world, can be used upon humans of any age with the same effect.

Le death note ne doit pas être donné à un enfant de moins de 6 ans, mais lorsqu'il est laissé dans le monde des humains, qu'il devient un objet de ce monde, il peut être utilisé de la même façon par une personne quel que soit son âge.

PAGE 37. 8 PERSONNES

SI VOUS ÊTES ENSEMBLE 24H SUR 24, QUAND EST-CE QU'ON POURRA SE VOIR, LUI ET MOI ?

MAIS C'EST MON LIGHT À MOI...

JE RÉPÈTE QUE JE NE FAIS PAS ÇA POUR LE PLAISIR.

DEUX GARÇONS ENSEMBLE, C'EST UN PEU... RYÛZAKI, TU ES GAY ? À L'UNIVERSITÉ, TU ÉTAIS DÉJÀ AVEC LIGHT...

JE NE VOUS DEMANDE PAS DE VOUS EMBRASSER, MAIS SI VOUS EN AVEZ ENVIE, CE SERA SOUS SURVEILLANCE, FORCÉMENT...

TU VOUDRAIS QU'ON S'EMBRASSE DEVANT TOI, PAR EXEMPLE ?

INÉVITABLEMENT, LES RENDEZ-VOUS AMOUREUX SE FERONT À TROIS...

QUOI ?!

LIGHT, TU PEUX LA FAIRE TAIRE, S'IL TE PLAÎT ?

QUOI ? MAIS ÇA, C'EST UN VRAI TRUC DE PERVERS !

MISA, ARRÊTE DE FAIRE DES CAPRICES, IL N'Y A AUCUN DOUTE SUR LE FAIT QUE C'EST TOI QUI AS EXPÉDIÉ LES VIDÉOS, ALORS TU DEVRAIS DÉJÀ ÊTRE HEUREUSE DE RESTER EN LIBERTÉ.

...

MA PETITE AMIE, C'EST VITE DIT... C'EST SURTOUT TOI QUI VIENS VERS MOI PARCE QUE TU AS EU LE COUP DE FOUDRE...

JE SUIS TA PETITE AMIE, ET TU NE ME CROIS PAS ?

QUOI ? LIGHT, ENFIN !

AU FAIT, CE COUP DE FOUDRE...

KYAA きゃ……

AH OUI ? QUAND JE T'AI DIT "JE T'AIME", TU T'ES DIT QUE L'OCCASION ÉTAIT TROP BELLE ET TU EN AS PROFITÉ POUR M'EMBRASSER... C'EST ÇA ?

C'ÉTAIT LE 22 MAI À AOYAMA, N'EST-CE PAS, MISA ?

OUI.

PFF ! JE TE LE RÉPÈTE ENCORE UNE FOIS : JE ME BALADAIS, COMME ÇA. ET JE NE ME SOUVIENS NI DE CE QUE J'AI RESSENTI CE JOUR-LÀ NI DE CE QUE JE PORTAIS SUR MOI. J'AI QUAND MÊME LE DROIT D'ALLER ME BALADER DANS CE QUARTIER SANS RAISON, NON ?

QU'ÉTAIS-TU ALLÉE FAIRE À AOYAMA ET QUELS VÊTEMENTS PORTAIS-TU ?

NON.

ET TU NE SAIS PAS TOI-MÊME COMMENT TU AS SU SON NOM ?

OUI.

ET APRÈS ÊTRE ALLÉE À AOYAMA OÙ TU ES TOMBÉE AMOUREUSE DE LIGHT, TU CONNAISSAIS SON NOM ?

QUOI?!

BON, DIS-MOI, QU'ÉPROU-VERAIS-TU SI LIGHT ÉTAIT KIRA ?

...

CE SERAIT GÉNIAL...

SI LIGHT ÉTAIT KIRA...

OUI.

ALORS SI LIGHT ÉTAIT KIRA, JE L'AIMERAIS ENCORE PLUS FORT !

MOI, J'AI TOUJOURS ÉTÉ RECONNAISSANTE À KIRA D'AVOIR PUNI CEUX QUI ONT TUÉ MES PARENTS.

SI LIGHT ÉTAIT KIRA, HEIN ? C'EST BIEN ÇA ? NON, JE N'AURAIS PAS PEUR DU TOUT. DE TOUTE FAÇON, MOI, J'APPROUVE CE QU'IL FAIT...

... ET PLUTÔT QUE D'AVOIR PEUR, JE ME DIS QUE JE POURRAIS SÛREMENT L'AIDER.

JE TE PARLE DE "KIRA", QUAND MÊME. TU POURRAIS AIMER KIRA ? TU NE RESSENS AUCUNE PEUR À CETTE IDÉE ?

MÊME SI J'AI DÉJÀ L'IMPRESSION QU'IL M'EST IMPOSSIBLE DE L'AIMER PLUS QUE MAINTENANT.

MAIS APRÈS CE QUE TU VIENS DE DIRE, IL NE FAIT PLUS AUCUN DOUTE QUE TU ES BIEN LE DEUXIÈME KIRA...

À MON AVIS, TU SERAIS PLUS UNE GÊNE QU'UNE AIDE, MAIS BON...

... MISA EST PLACÉE SOUS SURVEIL-LANCE.

BON, EN TOUT CAS...

ET TU AS BIEN RAISON ! JE NE SUIS PAS KIRA !

NÉANMOINS, C'EST TELLEMENT ÉVIDENT QUE J'EN VIENS À PENSER L'INVERSE.

54

AFIN QUE TU PUISSES VOIR LIGHT, NOUS AVONS RÉSERVÉ CETTE CHAMBRE EXPRÈS POUR TOI. AINSI, TU DEVRAIS POUVOIR SUPPORTER TA SITUATION.

QUE CE SOIT DANS LE CADRE DU TRAVAIL OU DANS LE PRIVÉ, OÙ QUE TU AILLES, MATSUDA, QUI DEVIENT TON MANAGER SOUS LE NOM DE "MATSUI", T'ACCOMPAGNERA. NOUS AVONS PAYÉ TON AGENCE POUR CELA, SANS LUI DIRE QUE NOUS ÉTIONS DE LA POLICE. ALORS GARDE CETTE INFORMATION POUR TOI AUSSI.

LA PORTE DE TA CHAMBRE, DE L'INTÉRIEUR COMME DE L'EXTÉRIEUR, NE S'OUVRE QU'AVEC CETTE CLÉ MAGNÉTIQUE. LORSQUE TU EN SORS, PRÉVIENS-NOUS PAR LE TÉLÉPHONE DE LA LIGNE INTERNE.

MAIS... JE... QU'EST-CE QUE TU AS CONTRE MOI ? MISAMISA...

QUOI ? C'EST CE VIEUX QUI VA ÊTRE MON MANAGER ?

NOUS ENQUÊTONS SUR L'AFFAIRE DES MEURTRES DE KIRA !! ALORS UN PEU DE SÉRIEUX !!

TADAN

ASSEZ AVEC VOS HISTOIRES DE GAY, DE RENDEZ-VOUS AMOUREUX, DE "MISAMISA" ET DE TOUT LE RESTE !!

AH...

ALLEZ, AMANÉ... VA DANS TA CHAMBRE !

OUI, BON... PARDON... JE ME DOUTE QUE TOUT LE MONDE EST SÉRIEUX MAIS...

AH... JE SUIS DÉSOLÉ...

VLAM

PFF !!!

HI CLIC

LIGHT ! ON AURA DES RENDEZ-VOUS AMOUREUX, HEIN ? MÊME À TROIS !

RYÛZAKI... TU AS ENTENDU CE QUE J'AI DIT, NON ? C'EST ELLE QUI VIENT VERS MOI.

TU AIMES VRAIMENT MISA ?

OUI ?

LIGHT...

...

!

BON, DANS CE CAS, J'AIMERAIS QUE TU AGISSES DE MANIÈRE À CE QU'ELLE PENSE QUE TU L'AIMES, TOI AUSSI. NOUS SOMMES CERTAINS, GRÂCE AUX VIDÉOS, QU'ELLE EST LIÉE AU DEUXIÈME KIRA...

NOUS SOMMES AUSSI CERTAINS QU'ELLE T'AIME...

RYÛZAKI...

...

TU VEUX QUE J'AIE UNE RELATION PLUS INTIME AVEC ELLE POUR POUVOIR ENQUÊTER SUR LE DEUXIÈME KIRA ?

OUI. JE SAIS QUE TOI, TU EN ES CAPABLE. SI ON VOUS A LIBÉRÉS, TOUS LES DEUX, C'EST AUSSI PARCE QUE L'ON PENSAIT POUVOIR TROUVER DES INDICES POUR RÉSOUDRE L'ENQUÊTE.

!

JE SUIS DÉSOLÉ MAIS TU DOIS ME COMPRENDRE : MANIPULER L'AFFECTION D'UNE PERSONNE POUR ARRIVER À SES FINS EST L'ATTITUDE QUI ME RÉPUGNE LE PLUS.

MÊME SI JE DOIS LA TROMPER DANS LE BUT DE RÉSOUDRE L'ENQUÊTE SUR KIRA, ME SERVIR DES SENTIMENTS DE MISA EST QUELQUE CHOSE QUE JE NE PEUX PAS FAIRE.

QU'Y A-T-IL, RYÛZAKI ?

NÉANMOINS, VOUS ME RENDRIEZ UN GRAND SERVICE, TOUS LES DEUX, SI J'AVAIS VOTRE PAROLE QUE LES INFORMATIONS SECRÈTES LIÉES À L'ENQUÊTE NE SORTIRONT PAS D'ICI.

RIEN. C'EST TOI QUI AS RAISON, LIGHT.

CE QUI M'AMÈNE À PENSER QUE SI MISA EST MANIPULÉE PAR KIRA, ELLE N'EST PAS LA SEULE. LIGHT AUSSI...

JE M'EN DOUTAIS... C'EST BIZARRE... C'EST COMME SI SON CARACTÈRE AVAIT CHANGÉ... EST-IL POSSIBLE DE JOUER LA COMÉDIE À CE POINT ?

Gling ミシャラ...

PERSONNELLEMENT, JE CROIS QU'IL VAUDRAIT MIEUX AVOIR UN LIEU PRÉCIS OÙ SE POSER DÉSORMAIS.

OUI, C'EST AUSSI CE QUE JE ME DISAIS DEPUIS UN CERTAIN TEMPS.

ET C'EST POUR ÇA...

RYÛZAKI, LE Q.G. CHANGE D'HÔTEL RÉGULIÈREMENT, MAIS VU LA SITUATION ACTUELLE, NE SERAIT-IL PAS POSSIBLE DE MODIFIER CETTE PRATIQUE ?

23 ÉTAGES, 2 SOUS-SOLS, PAS DE VIS-À-VIS SUR LE TOIT ET POSSIBILITÉ D'Y FAIRE ATTERRIR DEUX HÉLICOPTÈRES.

QUOI?!

WAOUH...

CLAC
カタ
カタ
CLAC
カタ
CLAC
CLAC

... QUE DEPUIS LE JOUR OÙ J'AI DEMANDÉ L'AIDE DE TON PÈRE ET DE SES HOMMES, J'AI TRAVAILLÉ À LA CONSTRUCTION D'UN BÂTIMENT...

LE VOILÀ !

IL SERA TERMINÉ DANS QUELQUES JOURS.

!?

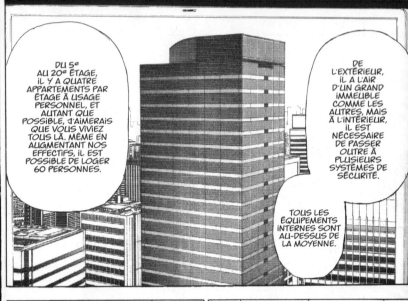

DU 5e AU 20e ÉTAGE, IL Y A QUATRE APPARTEMENTS PAR ÉTAGE À USAGE PERSONNEL, ET AUTANT QUE POSSIBLE, J'AIMERAIS QUE VOUS VIVIEZ TOUS LÀ. MÊME EN AUGMENTANT NOS EFFECTIFS, IL EST POSSIBLE DE LOGER 60 PERSONNES.

DE L'EXTÉRIEUR, IL A L'AIR D'UN GRAND IMMEUBLE COMME LES AUTRES, MAIS À L'INTÉRIEUR, IL EST NÉCESSAIRE DE PASSER OUTRE À PLUSIEURS SYSTÈMES DE SÉCURITÉ.

TOUS LES ÉQUIPEMENTS INTERNES SONT AU-DESSUS DE LA MOYENNE.

ET SURTOUT, OÙ AS-TU TROUVÉ LES FONDS POUR CONSTRUIRE CET IMMEUBLE, RYÛZAKI ?

MAIS C'EST QUAND MÊME INCROYABLE...

HEIN ? NON...

JE SUPPOSE QU'EN ATTRIBUANT UN ÉTAGE ENTIER À MISA, ELLE NE SE PLAINDRA PAS.

EUH... CELA NE RÉPOND PAS À LA QUESTION...

VOILÀ...

... JE SUIS PRÊT À TOUT POUR RÉSOUDRE CETTE AFFAIRE.

COMME VOUS LE VOYEZ...

MOI AUSSI... UNE AFFAIRE DE MEURTRES EN SÉRIE, QUI PLUS EST DANS LAQUELLE MON PÈRE ET MOI AVONS ÉTÉ MIS À RUDE ÉPREUVE... JE SUIS PRÊT À TOUT POUR LA RÉSOUDRE.

OUI, JE COMPRENDS...

OUI ? QUEL DOMMAGE...

TOUT SAUF ÇA. C'EST UN COMPORTEMENT INHUMAIN.

"PRÊT À TOUT" ? DONC MÊME À TE RAPPROCHER DE MISA POUR ENQUÊTER...?

OUI !

HA HA!
は は!

EUH... JE SUIS, MOI AUSSI, DE PLUS EN PLUS MOTIVÉ. RYÛZAKI, LIGHT, CHEF YAGAMI, FAISONS TOUT NOTRE POSSIBLE POUR ARRÊTER KIRA !!

TU NE M'AS PAS CITÉ...

HUM ?

HE...

KIDA... CE QUE JE VIENS DE DIRE NE S'APPARENTE PAS À DE LA PEUR...

CEUX QUI SE LAISSE-RONT GAGNER PAR LA PEUR SERONT TUÉS, C'EST SÛR.

... AVONS UN LIEN AVEC KIRA.

ENFIN... EN RÉFLÉCHISSANT UN PEU, IL N'EST PAS DIFFICILE DE DEVINER QUI POSSÈDE UN LIEN AVEC KIRA. MAIS SI L'ON TIENT À LA VIE, ÉVITONS D'ÉVOQUER CE SUJET.

CELA VEUT DONC DIRE QUE L'UN DE NOUS HUIT EST EN CONTACT AVEC KIRA...

CEPENDANT, CE QUI A ÉTÉ DÉCIDÉ LORS DES RÉUNIONS DE LA SEMAINE DERNIÈRE ET DE LA SEMAINE D'AVANT S'EST RÉALISÉ...

MAIS POURQUOI KIRA A-T-IL CESSÉ DE S'EN PRENDRE UNIQUEMENT AUX CRIMINELS?

CETTE PERSONNE N'EN FAIT PAS USAGE DANS SON INTÉRÊT PERSONNEL, MAIS POUR NOTRE SOCIÉTÉ, POUR NOUS HUIT. C'EST FORMIDABLE, NON ?

IL EST GAGNANT ? EN TUANT DES GENS ? HIGUCHI...

TOUT SIMPLEMENT PARCE QU'IL EST GAGNANT DANS L'AFFAIRE...

QUOI-!?

TAKAHASHI... TU ES VRAIMENT BÊTE... TU N'AS TOUJOURS PAS COMPRIS ?

KIRA QUI S'ASSOCIE AVEC UNE GRANDE SOCIÉTÉ, C'EST QUAND MÊME ÉTONNANT. CETTE HISTOIRE DE "CONTACT" N'EST QU'UNE FAÇADE...

ENSUITE, DÈS LORS QUE CETTE RÉUNION A COMMENCÉ, NOTRE PRIME A ÉTÉ AUGMENTÉE PAR RAPPORT À CELLE DES AUTRES EMPLOYÉS.

LES HUIT PERSONNES PRÉSENTES ICI SONT ENCORE JEUNES ET ELLES ONT TOUTES LES CAPACITÉS POUR VISER LA PLACE DE P.D.G.

JE CROIS QUE TU FERAIS MIEUX DE TE TAIRE... TON IDIOTIE POURRAIT TE TUER...

...

OUI, EXACTEMENT. KIRA N'EST PAS PARMI NOUS.

EH, SHIMURA, NE CONFONDS PAS TOUT : ICI, NOUS NE FAISONS QUE DISCUTER DES MORTS HYPOTHÉTIQUES QUI POURRAIENT PROFITER AU GROUPE.

OUI, MAIS ÊTRE PROMU EN TUANT DES GENS...

HATORI A RAISON. NOUS, NOUS NE FAISONS QU'EN DISCUTER.

BON, COMMENÇONS ! QUELQU'UN A-T-IL UNE IDÉE À SOUMETTRE ?

DANS CE CAS, IL VAUDRAIT MIEUX LES MENACER ET LES DÉBAUCHER.

LES MENACER DE MORT, PAR EXEMPLE ?

SI L'ON NE SE DÉVELOPPE QUE SUR LE MARCHÉ DES NOUVELLES TECHNOLOGIES, CELA NE RENFORCERA PAS LA BASE DU GROUPE. INTÉRESSONS-NOUS AUSSI À NOS SECTEURS FAIBLES...

OUI. LA VENTE D'AUTOMOBILES, PAR EXEMPLE. QUE DIRIEZ-VOUS DE PROVOQUER DES ACCIDENTS MORTELS EN NOMBRE CHEZ NOS CONCURRENTS ?

HA ! HA ! AMUSANT, EN EFFET...

EN CE MOMENT, L'IMPORTANT, C'EST DE S'ÉTENDRE SUR LE MARCHÉ DES NOUVELLES TECHNOLOGIES. ON POURRAIT MANIPULER LES EXCELLENTS DÉVELOPPEURS DE NOS CONCURRENTS POUR QU'ILS NOUS DONNENT CE QU'ILS ONT, ET LES ÉLIMINER ENSUITE...

MOI, JE PENSE AU VIEUX TÊTU QUI EST EMPLOYÉ COMME CONSEILLER. ON N'A PLUS BESOIN DE LUI. IL EST MÊME GÊNANT. S'IL MEURT, NOUS NOUS PARTAGERONS SES PARTS. IL A PLUS DE 70 ANS, QU'IL NOUS QUITTE NE PARAÎTRA DONC PAS ANORMAL.

NAMIKAWA, C'EST JUSTEMENT EN UTILISANT HABILEMENT CE NOUVEL ÉLÉMENT QUE L'ON NE SERA PAS REPÉRÉS.

LA POLICE NE SAIT PAS QUE KIRA PEUT TUER AUTREMENT QU'EN PROVOQUANT DES CRISES CARDIAQUES.

OUI. LA POLICE N'EST PAS SI BÊTE. SI DES SOUPÇONS PESAIENT SUR LA SOCIÉTÉ, CE SERAIT TRÈS MAUVAIS POUR NOTRE IMAGE, ET NOUS SERIONS RENVOYÉS.

ALLONS, UN PEU DE SÉRIEUX. UNE SÉRIE D'ACCIDENTS INHABITUELS PARAÎTRAIT TOUT DE SUITE BIZARRE.

AH...

OUI. J'AI AVANCÉ DANS CETTE MISSION. EN CHERCHANT PARMI LES TUEURS ET LES DÉTECTIVES DU MONDE ENTIER ET EN ME SERVANT D'ARGENT NOIR POUR DISSIMULER L'IDENTITÉ DU DEMANDEUR, J'AI TROUVÉ UN DÉTECTIVE, ERALD COYLE.

À PROPOS, LA SEMAINE DERNIÈRE, MIDÔ AVAIT SOUMIS L'IDÉE QUE L'ON DEVRAIT ANÉANTIR LA POLICE, À COMMENCER PAR L. OÙ EN SOMMES-NOUS ? JE CROYAIS QUE NOUS AVIONS OPTÉ POUR CETTE SOLUTION ET QUE C'EST KIDA QUI S'EN CHARGEAIT ?

ON DIT DE LUI QUE POUR RETROUVER DES PERSONNES, IL EST PEUT-ÊTRE MEILLEUR QUE L, ET SURTOUT, IL ACCEPTE TOUT SANS SE SOUCIER DU CONTENU DE LA DEMANDE.

FONDAMEN-TALEMENT, IL N'Y A PAS DE MEILLEUR TUEUR QUE KIRA...

HA ! HA !

... ET CEUX DONT ON PEUT TROUVER LE NOM ET LE VISAGE ONT DÛ ÊTRE TUÉS PAR KIRA DÉJÀ...

CEUX QUE L'ON SERAIT CAPABLES DE TROUVER ET D'APPROCHER NOUS-MÊMES NE SONT PAS DE VRAIS TUEURS...

EN TOUT CAS, ON A BEAU CHERCHER DES TUEURS, IL SEMBLE QU'IL N'Y EN AIT PLUS...

... VRAIMENT HORRIBLES...

LES HUMAINS SONT DES ÊTRES...

FINALEMENT, ON PEUT SE RÉJOUIR DE L'EXISTENCE DE QUELQU'UN COMME KIRA QUI PUNIT LES CRIMINELS...

TOUT À FAIT. POUR LES DÉTENTEURS DE FORTUNES COMME LES NÔTRES, LES CRIMINELS, SURTOUT LES CAMBRIOLEURS, SONT UNE VRAIE CALAMITÉ...

Page 38. ATTEINTE

ピッ

ピッ

ピッ

vroooブォッ

GOOOOOOOoo
ゴ
ォ
・・・

ヴィ・・・

CLANG
ジャラ！

AH... MA CEINTURE...

CLAC
カチャ

Bɔɔɔ

ガ" GAAAAA

ET MAINTE-NANT ?

Bɔɔɔ

MERDE... C'EST QUOI, CETTE FOIS ?

CLAC
ガチャ

BONJOUR !!!

QUAND ON N'EST PAS HABITUÉ AUX DÉTECTEURS D'EMPREINTES DIGITALES ET OCULAIRES, C'EST UN VRAI MARATHON POUR ENTRER ICI.

LORSQUE VOUS COMMEN-CEZ, VOUS UTILISEZ CETTE CLÉ.

HUM...

MA FILLE EST ENCORE PETITE, ET JE CROIS QUE C'EST MOI QUI VAIS L'ACCOMPAGNER À L'ÉCOLE DÉSORMAIS.

AH... TU FERAIS MIEUX DE BIEN RENTRER CHEZ TOI.

RIEN. UNE PETITE DISPUTE AVEC MA FEMME...

QU'AS-TU AU FRONT ?

À UN RENDEZ-VOUS AMOUREUX, DANS LA CHAMBRE DE MISAMISA, AVEC LIGHT.

ET RYÛZAKI ?

IMBÉCILE ! ILS NE SONT PAS IMPLIQUÉS DANS L'ENQUÊTE, IMPOSSIBLE. POUR L'INSTANT, MA FEMME SAIT QUE JE FAIS ÇA POUR UKITA, C'EST DÉJÀ BIEN.

QUEL DOMMAGE, QUAND MÊME... LES APPARTEMENTS ICI SONT GÉNIAUX. ON EN VOIT RAREMENT DE PAREILS. EMMÉNAGE ICI AVEC TA FAMILLE !

DANS CET IMMEUBLE, IL Y A DES CAMÉRAS DE SURVEILLANCE PLACÉES PARTOUT ET IL N'Y A AUCUN ANGLE MORT, MÊME DANS LES CHAMBRES. MAIS EN GÉNÉRAL, ON NE REGARDE PAS DANS CELLE DE MISAMISA.

ON PEUT VOIR ?

TU VEUX VOIR ?

BON, JETONS UN COUP D'ŒIL...

TAC TAC TAC TAC TAC

MAIS MATSUDA, FAIS-MOI PLAISIR : ARRÊTE DE L'APPELER "MISAMISA".

AH... OUI.

JE VOIS... VU LES SOUPÇONS QUI PÈSENT SUR AMANE, IL N'EST PAS ÉTONNANT QUE RYÛZAKI SOIT ALLÉ JUSQUE-LÀ...

OH... SUR GRAND ÉCRAN...

NE FAIS PAS ATTENTION À MOI...

FRANCHEMENT, ÇA NE FAIT PAS "RENDEZ-VOUS INTIME"...

QUOI ? TU ES ENCORE EN TRAIN DE TE FICHER DE MOI, HEIN ?

TU SAIS, SI TU TE SERS DE TA TÊTE, MANGER SUCRÉ NE TE FERA PAS GROSSIR.

J'ÉVITE LE SUCRE, ÇA FAIT GROSSIR.

...

DIS, TU NE VEUX PLUS DE TON GÂTEAU ?

JE CONFIRME : TU ES UN PERVERS ! TU AS DE TRÈS MAUVAISES HABITUDES !

SI TU VEUX, MAIS JE VOUS OBSERVERAI AVEC LES CAMÉRAS, DONC C'EST LA MÊME CHOSE.

BON, JE NE ME FAIS PAS PRIER, JE PRENDS TON GÂTEAU.

J'AI UNE IDÉE : JE TE DONNE MON GÂTEAU, ET TU ME LAISSES SEULE AVEC LIGHT.

OUI ? DANS CE CAS, ON SE METTRA SOUS LA COUETTE... N'EST-CE PAS, LIGHT ?

LES CAMÉRAS SONT ÉQUIPÉES D'INFRA-ROUGES.

JE TE PRÉVIENS, DÈS QU'ON SERA SEULS, LIGHT ET MOI, ON FERMERA LES RIDEAUX ET ON ÉTEINDRA LA LUMIÈRE.

SI JE SUIS MOTIVÉ ?

PLUS IMPORTANT QUE ÇA... AH...

IL Y A PLUS IMPORTANT : ON A DÉMÉNAGÉ LE Q.G. DANS UN IMMEUBLE ULTRA-ÉQUIPÉ ET POURTANT, TU N'AS PAS L'AIR MOTIVÉ, RYÛZAKI...

OUI...

TU ES DÉPRI-MÉ ?

EN RÉALITÉ, JE SUIS DÉPRIMÉ.

NON...

ENFIN, J'AI ENCORE DES SOUPÇONS. C'EST POUR CETTE RAISON QUE JE FAIS TOUT ÇA.

Gling !!

ALORS SI JE ME SUIS TROMPÉ, C'EST UN COUP POUR MON MORAL...

...

JE PENSAIS VRAIMENT QUE TU POUVAIS ÊTRE KIRA...

... IL A PU TE MANIPULER POUR QUE JE TE SOUPÇONNE...

AUTRE-MENT DIT...

MAIS KIRA PEUT MANI-PULER LES GENS...

SAUF QUE JE NE COMPRENDS PAS POURQUOI IL NE VOUS A PAS TUÉS...?

LORSQUE J'Y PENSE, TOUT MON RAISONNEMENT SEMBLE LOGIQUE.

TOI ET MISA, VOUS AVEZ ÉTÉ MANIPULÉS PAR KIRA...

...

SI JAMAIS IL VOUS A UTILISÉS POUR TUER DES GENS, VOUS ÊTES DE SIMPLES VICTIMES...

ET JE DOIS RECOMMENCER MON ENQUÊTE...

REPARTIR DE ZÉRO...

RYÛZAKI... SI JE SUIS BIEN TON RAISONNEMENT, ÇA VEUT DIRE QUE MISA ET MOI ÉTIONS MANIPULÉS, MAIS QUE NOUS ÉTIONS EFFECTIVEMENT DES KIRA...

...

SI JAMAIS KIRA T'A CHOISI PARCE QUE TU AVAIS ACCÈS FACILEMENT AUX INFORMATIONS DE LA POLICE ET S'IL T'A FAIT AGIR POUR QUE JE TE SOUPÇONNE...

... JE SERAI VRAIMENT ÉNERVÉ... FRANCHEMENT, CE SERAIT UN CHOC POUR MOI...

VOUS ÊTES DES KIRA.

OUI. POUR MOI, ÇA NE FAIT AUCUN DOUTE.

D'APRÈS MOI, LORSQUE L'ON T'A EMPRISONNÉ, TU ÉTAIS KIRA.

PUIS, DÈS LORS, LES MEURTRES DE CRIMINELS ONT CESSÉ...

JUSQUE-LÀ, TA CULPABILITÉ ÉTAIT ÉTABLIE. MAIS DEUX SEMAINES PLUS TARD, LES MEURTRES ONT REPRIS...

CE QUI ME PERMET D'IMAGINER LA CHOSE SUIVANTE...

DANS LA VIDÉO DU DEUXIÈME KIRA, IL ÉTAIT QUESTION D'UN "POUVOIR À PARTAGER"...

...

... LE POUVOIR DE KIRA PEUT SE TRANSMETTRE.

SI C'EST LE CAS, ON N'ARRIVERA JAMAIS À L'ATTRAPER.

MANIPULER UNE PERSONNE, LA POUSSER À TUER DES GENS, ET LORSQU'ELLE SE FAIT ARRÊTER, DONNER LE POUVOIR À UNE AUTRE PERSONNE... EN PLUS, SANS QU'ELLE GARDE LES SOUVENIRS DE CE QU'ELLE A FAIT...

OUI, JE LE SAIS BIEN. D'OÙ MA DÉPRESSION ACTUELLE...

C'EST UNE HYPOTHÈSE INTÉRESSANTE, MAIS SI C'EST VRAI, IL RISQUE D'ÊTRE TRÈS DIFFICILE D'ATTRAPER KIRA.

L'ENVIE DE TRAVAILLER ?

ALLEZ ! RETROUVE L'ENVIE DE TRAVAILLER, RYÛZAKI !

MAIS ON N'EST PAS ENCORE SÛRS DE ÇA, HEIN ? POUR L'INSTANT, NOUS SAVONS TROP PEU DE CHOSES SUR KIRA...

TOUT CE QUE J'AI À GAGNER AU BOUT DU COMPTE, C'EST METTRE MA VIE EN DANGER... TU NE CROIS PAS ?

...

MOI, JE CROIS QUE JE FERAIS MIEUX DE NE PAS TROP ME FORCER...

PAS FACILE À TROUVER...

?

RYÛZAKI...

J'AI BIEN CRU MOURIR PLUSIEURS FOIS...

TU FAIS LA GUEULE...?

TU TE FICHES DE MOI ? TU ES DÉMOTIVÉ PARCE QUE JE NE SUIS PAS LE VRAI KIRA ? PARCE QUE TON HYPOTHÈSE ÉTAIT FAUSSE ?

TU M'AS FAIT MAL.

C'EST BIEN TOI QUI AS ANNONCÉ À LA TÉLÉVISION QUE TU ENVERRAIS KIRA À L'ÉCHAFAUD, NON ?!

QU'EST-CE QUE TU RACONTES ? JE NE VOIS PAS COMMENT ON POURRAIT ARRIVER À L'ATTRAPER SANS RIEN FAIRE.

JE ME SUIS PEUT-ÊTRE MAL EXPRIMÉ... JE VOULAIS DIRE QUE JE M'ARRÊTERAIS BIEN PARCE QU'EN AGISSANT, JE N'ÉTAIS PEUT-ÊTRE PAS GAGNANT.

...

... MAIS QUELLE QU'EN SOIT LA RAISON...

JE COMPRENDS CE QUE TU DIS...

ET MISA ? ET MOI ? QUI NOUS A EMPRISONNÉS ?! TOI, NON ?!

DES POLICIERS, DES AGENTS DU FBI, DES PRÉSENTATEURS TÉLÉ... D'APRÈS TOI, COMBIEN DE PERSONNES INNOCENTES SONT MORTES DANS CETTE AFFAIRE ?!

SLANG

... ÉCHOUER UNE FOIS, C'EST DÉJÀ TROP !

... C'EST LE FAIT QUE L'ENQUÊTE NE SOIT PAS RÉSOLUE AVEC MON HYPOTHÈSE SELON LAQUELLE LIGHT = KIRA ET MISA = LE DEUXIÈME KIRA.

MAIS CE N'EST PAS LE FAIT QUE MON HYPOTHÈSE SOIT FAUSSE QUI M'ENNUIE...

UN SEUL ÉCHEC, C'EST DÉJÀ TROP...

BLAM

QUAND JE T'ÉCOUTE, J'AI L'IMPRESSION D'ENTENDRE QUE TU N'ES PAS SATISFAIT PARCE QUE MOI, JE NE SUIS PAS KIRA.

NON.

EN TANT QU'HOMME, JE N'AI PAS DROIT À ÇA ?

C'EST POUR ÇA QUE JE SUIS UN PEU DÉCOURAGÉ.

J'AURAIS VOULU QUE TU SOIS KIRA...

MAIS JE VIENS DE M'EN RENDRE COMPTE... À L'INSTANT...

OUI... CE N'EST PEUT-ÊTRE PAS FAUX.

JE NE SERAIS SATISFAIT QUE SI KIRA, C'ÉTAIT TOI ?

UNE FOIS, C'EST DÉJÀ TROP. MAIS MOI AUSSI, JE SUIS FORT, TU SAIS.

NON... TU AS PU PARTAGER TON POUVOIR, FAIRE EXÉCUTER DES CRIMINELS, ET... LA PROBABILITÉ QUE TU JOUES LA COMÉDIE EST PEUT-ÊTRE FAIBLE, MAIS ELLE EXISTE.

LIGHT YAGAMI... TA COLÈRE FACE À MON RENONCEMENT EST SINCÈRE... ALORS TU N'ES PAS KIRA...?

DOM

APPELEZ-LES DANS LEUR CHAMBRE ! IL FAUT LES ARRÊTER.

...

MATSUDA... LAISSE-LES FAIRE...

EH ! MATSUDA, TU LAISSES TON PORTABLE ALLUMÉ ?! SI JAMAIS RYÛZAKI L'APPREND, TU...

AH ?

VRAIMENT ?!

OUI... OUI...

MATSUI, J'ÉCOUTE.

NON, CELUI-LÀ, C'EST CELUI QUE J'UTILISE EN TANT QUE MANAGER DE MISAMISA. C'EST RYÛZAKI QUI M'A DEMANDÉ DE LE LAISSER ALLUMÉ EN PERMANENCE.

TURURURU

J'APPELLE LA CHAMBRE DE MISAMISA.

?

QUE SE PASSE-T-IL ?!

RYÛZAKI ! ON A RÉUSSI !

OUI ?

...

COMMENT "AH OUI ?" ?! UN PEU D'ENTHOUSIASME ! ÇA SIGNIFIE QUAND MÊME QU'ELLE AURA LE RÔLE PRINCIPAL DANS LE PROCHAIN FILM DE NISHINAKA !!

AH OUI ...?

...

MISAMISA A ÉTÉ ÉLUE N°1 PAR LES LECTEURS DU MAGAZINE EIGHTEEN !! LE FAIT QU'ELLE AIT ÉTÉ PORTÉE DISPARUE PENDANT DEUX MOIS A FAIT PARLER D'ELLE.

AH... MATSUDA EST QUELQU'UN DE TRÈS SPONTANÉ APRÈS TOUT.

DITES... ILS SAVENT QUE JE LES ENTENDS, HEIN ?

RIEN, C'EST ENCORE MATSUDA QUI S'EST PRIS AU JEU.

QU'Y A-T-IL ?

CLANG

OUI. LA DERNIÈRE FOIS QUE JE L'AI VU, IL ÉTAIT BIEN KIRA ET IL AVAIT UN DIEU DE LA MORT AVEC LUI.

REM, LE VÉRITABLE KIRA EXISTE VRAIMENT, N'EST-CE PAS ?

10 JOURS PLUS TARD.

MAIS SI ÇA TE GÊNE, TU PEUX ARRÊTER MAINTENANT.

?

JE L'IGNO-RE.

DANS CE CAS, POURQUOI A-T-IL ARRÊTÉ DE TUER DES CRIMINELS ET POURQUOI A-T-IL CONFIÉ CETTE TÂCHE À D'AUTRES ?

SURTOUT CEUX, HAUT PLACÉS, QUI DIRIGENT DES SOCIÉTÉS AVEC DE L'ARGENT SALE.

NON... ÇA M'EMBÊTERAIT QUE LES CRIMINELS ARRÊTENT DE MOURIR.

JE SUPPOSE QU'IL N'EST PLUS NÉCESSAIRE DE TUER D'AUTRES CRIMINELS, HEIN ?

MISAMISA DANS LE PROCHAIN NISHINAKA !!

AMANE MISA

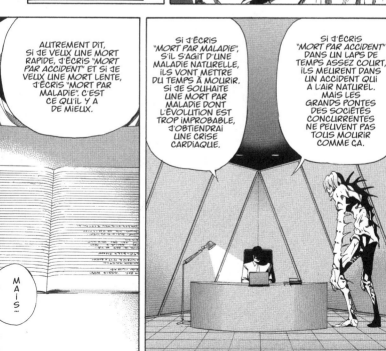

AUTREMENT DIT, SI JE VEUX UNE MORT RAPIDE, J'ÉCRIS "MORT PAR ACCIDENT" ET SI JE VEUX UNE MORT LENTE, J'ÉCRIS "MORT PAR MALADIE". C'EST CE QU'IL Y A DE MIEUX.

SI J'ÉCRIS "MORT PAR MALADIE", S'IL S'AGIT D'UNE MALADIE NATURELLE, ILS VONT METTRE DU TEMPS À MOURIR. SI JE SOUHAITE UNE MORT PAR MALADIE DONT L'ÉVOLUTION EST TROP IMPROBABLE, J'OBTIENDRAI UNE CRISE CARDIAQUE.

SI J'ÉCRIS "MORT PAR ACCIDENT" DANS UN LAPS DE TEMPS ASSEZ COURT, ILS MEURENT DANS UN ACCIDENT QUI A L'AIR NATUREL. MAIS LES GRANDS PONTES DES SOCIÉTÉS CONCURRENTES NE PEUVENT PAS TOUS MOURIR COMME ÇA.

MAIS...

ET SI C'EST KIRA QUI TUE, UNE CRISE CARDIAQUE SUFFIT.

C'EST POUR ÇA QUE J'AI INTÉRÊT À LAISSER CROIRE QUE KIRA S'EST PENCHÉ AUSSI SUR CEUX QUI AGISSENT MAL DANS LA FINANCE ET DANS LES ENTREPRISES. TOUT LE MONDE EST CONCERNÉ, AINSI JE POURRAI ME SERVIR DE CEUX QUI NE SONT PAS ENCORE MANIPULÉS. ET ENSUITE, JE LES TUERAI.

... AUSSI NATURELLES QUE SOIENT LES MORTS DE MES RIVAUX, PAR ACCIDENT OU PAR MALADIE, IL Y A UNE LIMITE.

LES PERSONNES MALINTEN-TIONNÉES SE RETENAIENT À CAUSE DE LA PRÉSENCE DE KIRA.

LA PREMIÈRE SEMAINE, C'ÉTAIT CALME, MAIS ENSUITE, PARTOUT DANS LE MONDE, LES CRIMES ONT DOUBLÉ COMPARÉ À L'ÉPOQUE OÙ KIRA N'ÉTAIT PAS ENCORE APPARU.

PERSONNE N'IMAGINAIT QUE KIRA S'ABSENTERAIT PENDANT DEUX SEMAINES.

KIRA EST DEVENU QUEL-QU'UN DE NÉCES-SAIRE À NOTRE MONDE...

SI LE VRAI KIRA NE VEUT PLUS TUER, MOI, JE VEUX BIEN LE FAIRE.

POUR LE BIEN DE NOTRE ENTREPRISE, LA SÉCURITÉ DU MONDE EST TRÈS IMPORTANTE AUSSI.

... A SOUHAITÉ DU FOND DU CŒUR LE RETOUR DE KIRA.

ENSUITE, LE MONDE ENTIER, EN DEHORS DES CRIMINELS...

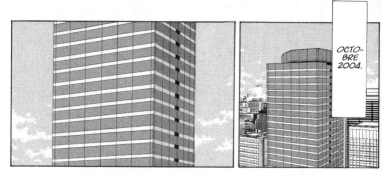

OCTO-
BRE
2004.

LÀ, REGARDE BIEN !

ET DE L'AUTRE CÔTÉ, ÇA PROGRES- SE D'UN COUP.

LÀ, IL Y A UN DÉSE- QUILIBRE, NON ?

?

DÉSOLÉ DE TE DÉRANGER ALORS QUE TU N'AS PAS ENVIE DE TRAVAILLER, MAIS VIENS VOIR ÇA !

RYÛ- ZAKI...

ALORS ? ÇA NE TE REDONNE PAS UN PEU ENVIE DE TRAVAILLER ?

AH... LIGHT...

DEATH NOTE
How to Use It
XXVI

⊙ If you just write, "die of accident" for the cause of death, the victim will die from a natural accident after 6 minutes and 40 seconds from the time of writing it.

Si l'on écrit simplement "mort par accident", 6 minutes 40 plus tard, la personne meurt d'un accident naturel.

⊙ Even though only one name is written in the DEATH NOTE, if it influences and causes other humans that are not written in it to die, the victim's cause of death will be a heart attack.

Si l'on écrit un seul nom dans le death note pour une mort accidentelle, mais que l'accident entraîne la mort d'autres personnes, celle dont le nom est écrit meurt finalement d'une crise cardiaque.

ALORS ? ÇA NE TE REDONNE PAS UN PEU ENVIE DE TRAVAILLER ?

AH... LIGHT...

OUI, IL UTILISE CERTAINEMENT LE CHÂTIMENT DES CRIMINELS COMME UNE COUVERTURE POUR SERVIR SES INTÉRÊTS PERSONNELS...

...

SI JAMAIS IL Y A UN LIEN AVEC NOTRE AFFAIRE, ALORS CE KIRA PUNIT EFFECTIVEMENT LES CRIMINELS, MAIS IL A UN AUTRE OBJECTIF...?

Page 39. SÉPARATION

JE L'AI PAS MAL AIDÉ, MOI AUSSI, RYÛZAKI.

MERCI.

NÉANMOINS, BRAVO, JE NE PENSAIS PAS QUE TU AVAIS FAIT AUTANT DE RECHERCHES.

MAIS EN SUPPOSANT QUE KIRA ET LE DEUXIÈME KIRA AIENT EXISTÉ EN MÊME TEMPS, IL SE PEUT QUE CE KIRA SOIT ENCORE UN AUTRE KIRA.

UN JOUR, TU AVAIS DIT QUE "LES ADULTES UTILISERAIENT CE POUVOIR POUR EUX-MÊMES, POUR LEUR CARRIÈRE, POUR DE L'ARGENT"... ON DIRAIT QUE ÇA CORRESPOND À TES PRÉVISIONS.

ALORS JE SUIS PARTI DE LA PREMIÈRE INFORMATION : L'HYPOTHÈSE SELON LAQUELLE KIRA EST AU JAPON.

POUR ÊTRE FRANC, AU DÉBUT, JE NE SAVAIS PAS PAR OÙ COMMENCER.

C'EST GRÂCE À CE SYSTÈME INFORMATIQUE RELIÉ DIRECTEMENT À TOUTES LES POLICES DU MONDE, À TOUS LES ORGANES D'INFORMATION ET AUX ADMINISTRATIONS.

ENSUITE, SI L'ON SUPPOSE QUE KIRA TUE GRÂCE À DES CRISES CARDIAQUES, IL Y A DE NOMBREUSES MORTS QUI NE PEUVENT PAS LUI ÊTRE ATTRIBUÉES.

IL Y A EU BEAUCOUP PLUS DE CRIMINELS TUÉS AU JAPON. EN OUTRE, SI L'ON FAIT LE RECOUPEMENT AVEC LE TYPE D'INFOS DIFFUSÉES DANS LE PAYS, ON PEUT ÊTRE PRATIQUEMENT SÛR QU'IL EST AU JAPON.

... ON A TROUVÉ CES TROIS NOMS QUI POUVAIENT DIFFICILEMENT NOUS ÉCHAPPER. DEUX, ÇA AURAIT PU ÊTRE UNE COÏNCIDENCE MAIS LÀ, TROIS...

APRÈS AVOIR RASSEMBLÉ LES INFORMATIONS DES CINQ DERNIERS MOIS, NOUS AVONS ÉTUDIÉ UN PAR UN TOUS LES CAS, FINALEMENT...

C'EST LÀ QUE JE L'AI BIEN AIDÉ, RYÛZAKI.

EN TEMPS NORMAL, CELA AURAIT PRIS UN TEMPS FOU, MAIS AVEC CE SYSTÈME, LA RECHERCHE A ÉTÉ TRÈS RAPIDE.

EN DEHORS DES CRIMINELS, IL Y A BEAUCOUP D'AUTRES PERSONNES QUI SONT MORTES DE CRISES CARDIAQUES. NOUS AVONS DONC ÉLARGI NOTRE RECHERCHE AUTANT QUE POSSIBLE.

ILS ÉTAIENT TOUS LES TROIS À DES POSTES IMPORTANTS DANS D'INFLUENTES SOCIÉTÉS DU PAYS, ET ILS SONT TOUS LES TROIS MORTS D'UNE CRISE CARDIAQUE.

ROPPEI TAMIYA	Crise cardiaque	27-6-2004
KÔJI AOI	Crise cardiaque	2-7-2004
TAKEYOSHI MORIYA	Crise cardiaque	30-7-2004
KÔTARÔ ASHIMOTO	Accident de la route	19-6-2004
KENJI TANIMI	Accident de la route	26-6-2004
TATSUYA WAKASHIMA	Accident	4-7-2004

ROPPEI TAMIYA, RESPONSABLE DU DÉPARTEMENT DÉVELOPPEMENT DE LA SOCIÉTÉ COMMERCIALE AKAMARU ; KÔJI AOI, SOUS-DIRECTEUR DE L'UNIFICATION DES SYSTÈMES DE LA SOCIÉTÉ AOI ET TAKEYOSHI MORIYA, ANCIEN PRÉSIDENT-DIRECTEUR GÉNÉRAL DU GROUPE YOTSUBA.

OUI... ET LÀ...

ET DONC VOUS AVEZ FAIT DES RECHERCHES SUR LES MORTS DE PERSONNES AYANT UN RAPPORT AVEC LES GRANDES SOCIÉTÉS, ET PAS UNIQUEMENT SUR LES DÉCÈS PAR CRISE CARDIAQUE...

LA COTE EN BOURSE DE YOTSUBA EST MONTÉE DOUCEMENT, ALORS QUE LES DEUX AUTRES ONT CHUTÉ.

DU COUP, ON A EXAMINÉ PLUS EN DÉTAIL LES TROIS SOCIÉTÉS : YOTSUBA, AKAMARU ET AOI.

TROIS MOIS, CELA CORRESPOND AU MOMENT OÙ L'ON T'A EMPRISONNÉ ET OÙ LES MEURTRES SE SONT ARRÊTÉS AVANT DE REPRENDRE... ÇA, C'EST INTÉRESSANT.

OUI, C'EST VRAI...

OUTRE LES TROIS PERSONNES CITÉES TOUT À L'HEURE, IL Y A DES MORTS PAR ACCIDENT, PAR MALADIE, AINSI QU'UN SUICIDE, ET CETTE SEMAINE, 2 PERSONNES PUNIES PAR KIRA POUR CORRUPTION...

ON ARRIVE À UN NOMBRE INQUIÉTANT DE MORTS QUI ARRANGENT LES AFFAIRES DE YOTSUBA... 13 PERSONNES EN 3 MOIS...

QUANT AUX AUTRES SOCIÉTÉS, IL Y A 1 OU 2 PERSONNES MAXIMUM QUI SONT MORTES.

IL PEUT TUER AUTREMENT QU'EN PROVOQUANT DES CRISES CARDIAQUES !

QU'EN DIS-TU ? POUR MOI, IL PARAÎT ÉVIDENT QUE KIRA A UN LIEN AVEC YOTSUBA MAIS...

OUI... MAIS DANS CE CAS...

OUI...

MALHEUREUSEMENT, À L'HEURE QUE NOUS AVIONS INDIQUÉE, IL N'ÉTAIT PAS CHEZ LUI MAIS AVEC UNE FEMME, EN CACHETTE, EN VOYAGE EN ITALIE. SI NOUS N'AVIONS PAS PRÉCISÉ LE TYPE DE VÉHICULE ET L'AUTOROUTE, IL SERAIT PROBABLEMENT MORT D'UN ACCIDENT EN ITALIE. NOTRE DEMANDE N'A PAS PU ÊTRE PRISE EN COMPTE.

TOUT D'ABORD, IL Y A LE CAS TAMIYA : NOUS AVIONS OPTÉ EN RÉUNION POUR UNE MORT PAR ACCIDENT. POUR QU'ELLE AIT L'AIR NATURELLE, COMME IL A L'HABITUDE DE SE BALADER EN VOITURE LE SOIR LORSQU'IL EST EN CONGÉ, NOUS AVIONS DÉCIDÉ QU'IL PRENDRAIT SON VÉHICULE HABITUEL ET QU'IL PERCUTERAIT UN MUR BORDANT L'AUTOROUTE DE LA BAIE.

SI LA MORT PAR MALADIE NE S'EST PAS RÉALISÉE, C'EST POUR LA MÊME RAISON : NOUS AVIONS PRÉCISÉ LA CAUSE : UN CANCER ET NOUS AVIONS MÊME DONNÉ UNE DATE... ON PEUT DONC EN DÉDUIRE QU'IL EST IMPOSSIBLE POUR UNE PERSONNE EN BONNE SANTÉ DE MOURIR D'UN CANCER EN PEU DE TEMPS.

JE VOUS L'AVAIS DIT LA SEMAINE DERNIÈRE : IL SUFFIT D'ÉCRIRE "MORT PAR ACCIDENT" ET NOTRE CIBLE MOURRA DANS UN ACCIDENT APPAREMMENT NORMAL DANS LES PLUS BREFS DÉLAIS. C'EST CE QU'ON DEVRAIT FAIRE DÉSORMAIS.

AUTREMENT DIT, SI CERTAINES CHOSES SONT IMPOSSIBLES À RÉALISER DANS NOS REQUÊTES, KIRA FAIT MOURIR LA VICTIME D'UNE CRISE CARDIAQUE ? C'EST CE QU'ON PEUT EN DÉDUIRE ?

... NOUS AVONS COMMENCÉ À FAIRE PRESSION SUR LA POLICE.

PAR AILLEURS...

EN PLUS, LA POLICE A DÉJÀ FORT À FAIRE AVEC LES CAS DES CRIMINELS. ELLE NE VA PAS S'OCCUPER DES CITOYENS. OU ALORS, POUR REMONTER JUSQU'À NOUS, IL FAUDRAIT QUE LES FLICS SOIENT DE VRAIS DIEUX.

ENFIN, 3 PERSONNES EN 3 MOIS, ÇA VA. C'EST PEU. QUAND BIEN MÊME QUELQU'UN ÉTABLIRAIT UN LIEN ENTRE CES MORTS, NOUS N'AVONS PAS À NOUS INQUIÉTER PUISQUE DÉSORMAIS, LES PERSONNES QUE NOUS TUERONS, QUI NE SONT PAS DES CRIMINELS, NE MOURRONT PAS D'UNE CRISE CARDIAQUE MAIS D'AUTRE CHOSE.

OUI. ON DEVRAIT SE CONTENTER DE METTRE "MORT PAR MALADIE" : ON SAIT QUE LA MORT VIENDRA TÔT OU TARD.

C'EST VRAI QU'IL Y A UN DÉSÉQUILIBRE.

QU'IL Y AIT AUTANT DE PERSONNES GÊNANTES POUR YOTSUBA QUI SOIENT MORTES...

POURTANT, YOTSUBA EST BIEN ALLÉE JUSQUE-LÀ. LE PROBLÈME EST DE SAVOIR S'ILS ONT UTILISÉ KIRA OU PAS...

!

LES MEMBRES DES GRANDES SOCIÉTÉS SONT BIEN CAPABLES DE TUER SANS SCRUPULES DES GENS EN MAQUILLANT LEURS MORTS EN ACCIDENTS. ILS SONT AUSSI CAPABLES DE LES RENDRE MALADES EN LEUR DONNANT DES MÉDICAMENTS.

OUI ? ET ÇA REMONTE À QUAND, TES HISTOIRES ? AUJOURD'HUI, C'EST FINI, ÇA.

EST-CE QUE YOTSUBA SE SERAIT OFFERT LES SERVICES DE KIRA CONTRE UNE GROSSE SOMME D'ARGENT ?

TROIS CAS DE CRISE CARDIAQUE COMME ÇA, C'EST PROBABLE. MAIS BON, VU QUE MES HYPOTHÈSES NE SE VÉRIFIENT PAS, MIEUX VAUT NE PAS S'Y FIER...

RYÛZAKI, TU PENSES QU'IL S'AGIT DE KIRA ?

IMPOSSIBLE!!!

PARCE QUE ÇA VOUDRAIT DIRE QUE DES MEMBRES D'UNE GRANDE SOCIÉTÉ L'AURAIENT TROUVÉ AVANT MOI.

EMPLOYER KIRA ? C'EST IMPENSABLE.

POURQUOI ?

ON PEUT DAVANTAGE SUPPOSER QUE KIRA FAIT PARTIE DE YOTSUBA, OU ALORS QU'IL A PRÊTÉ SON POUVOIR À QUELQU'UN Y TRAVAILLANT.

IL SERAIT PLUS LOGIQUE DE PENSER QU'IL TUERAIT TOUT DE SUITE CEUX QUI L'ONT DÉMAS-QUÉ.

DE PLUS, MÊME S'IL S'AGIT D'UNE GRANDE SOCIÉTÉ, JE NE PEUX PAS CROIRE QUE KIRA, EN SUPPOSANT QU'ILS L'AIENT TROUVÉ, AURAIT ACCEPTÉ DE LES AIDER.

TOUT À L'HEURE, J'AI JUSTE DIT ÇA COMME ÇA.

TU VIENS DE NOUS DIRE DE NE PAS NOUS FIER À TES HYPOTHÈSES ET LÀ, TU SEMBLES TRÈS SÛR DE TOI... QUE FAUT-IL CROIRE, ALORS ?

AH... NON... CE N'EST PAS CE QUE JE VOULAIS DIRE.

EH, MATSUDA ! TOI, TU TROUVES QUE KIRA EST CLASSE, C'EST ÇA ?

CE SERAIT VRAIMENT TROP DÉVALORISANT POUR LUI. KIRA EST BEAUCOUP PLUS CLASSE QUE ÇA.

ET SI C'ÉTAIT LUI QUI ÉTAIT ALLÉ PROPOSER SES SERVICES ? IL A PEUT-ÊTRE BESOIN D'ARGENT POUR MONTER UNE OPÉRATION QUELCONQUE...

WATARI CONNAÎT BIEN LE SECTEUR DE LA FINANCE. IL Y CONNAÎT DES GENS.

CECI DIT, ALLER DONNER UN COUP DE PIED DANS LA FOURMILIÈRE DES GRANDES SOCIÉTÉS, C'EST LOIN D'ÊTRE SIMPLE...

QUOI QU'IL EN SOIT, QUE KIRA SOIT MÊLÉ OU NON À CETTE AFFAIRE, ON NE PEUT PAS LA LAISSER PASSER...

AH... LUI...

CELUI QUI PARLE DE TEMPS EN TEMPS PAR LE BIAIS DES ORDINATEURS. JE T'AVAIS LAISSÉ CROIRE QUE C'ÉTAIT UN AUTRE L.

CECI DIT, SI JAMAIS KIRA EST MÊLÉ À ÇA, LAISSER WATARI ENQUÊTER SEUL EST TROP DANGEREUX.

QUI EST CE WATARI, RYÛZAKI ?

EUH... MOI, JE...

BON, MOI, JE VAIS FAIRE QUELQUES RECHERCHES SUR LA STRUCTURE DU GROUPE YOTSUBA.

ET MOI, JE VAIS VOIR SI J'ARRIVE À M'INFILTRER DANS LEUR SYSTÈME INFORMATIQUE.

MONSIEUR YAGAMI NE VA PLUS TARDER À REVENIR DE LA PRÉFECTURE. ON VA POUVOIR DÉCIDER DE LA SUITE DES OPÉRATIONS. POUR L'INSTANT, CE QU'ON PEUT FAIRE...

SALLE DU
SOUS-DIRECTEUR

QUARTIER
GÉNÉRAL DE
L'ENQUÊTE
SPÉCIALE
SUR LES
MEURTRES
EN SÉRIE DE
CRIMINELS

ILS NE PENSENT TOUT DE MÊME PAS SÉRIEUSEMENT QUE L'INSÉCURITÉ A DIMINUÉ GRÂCE À LUI...?

MAIS POURQUOI...?

CETTE DÉCISION NE VIENT PAS DE MOI. ELLE ÉMANE DE PLUS HAUT. BIEN ENTENDU, J'Y SUIS OPPOSÉ, MOI AUSSI.

MAIS... ENFIN, MONSIEUR, QU'EST-CE QUE VOUS DITES ?! VOUS VOUDRIEZ QUE L'ON ARRÊTE NOTRE ENQUÊTE SUR KIRA ?!

...

PARDON ? VOUS VOULEZ DIRE QUE C'EST AU-DESSUS DE LA POLICE ?

NON... C'EST AUTRE CHOSE. PERSONNE DANS LA POLICE NE PENSE AINSI...

...

...

CELA A-T-IL UN RAPPORT AVEC LE POLITICIEN TUÉ PAR KIRA À CAUSE DE SES ACTES DE CORRUPTION ?

NON... LE GOUVERNEMENT...?

MONSIEUR LE DIRECTEUR !! NE DITES PAS DES CHOSES PAREILLES !!

YAGAMI... L'ÉTAT EST REPRÉSENTÉ PAR SON GOUVERNEMENT... SI LE GOUVERNEMENT EST AFFAIBLI, LE PAYS L'EST AUSSI...

LE GOUVERNEMENT FAIT PRESSION SUR LA POLICE...?

JUSTE-MENT...

C'EST TOUT DE MÊME ÉTRANGE. EN SUPPOSANT QU'IL Y AIT DE NOMBREUX HOMMES POLITIQUES AYANT COMMIS DES ACTES À MÊME DE SUSCITER UN CHÂTIMENT DE LA PART DE KIRA, ILS DEVRAIENT ÊTRE AU CONTRAIRE LES PREMIERS À S'INQUIÉTER DE SON EXISTENCE ET ILS DEVRAIENT CHERCHER À LE FAIRE ARRÊTER AU PLUS VITE...

IL L'A FAIT SAVOIR ?

!!

KIRA A FAIT SAVOIR QUE SI LA POLICE ARRÊTAIT DE LE POURSUIVRE, IL NE S'EN PRENDRAIT PLUS AUX POLITICIENS.

ET C'EST BIEN POUR CETTE RAISON QU'IL A PRIS UNE TELLE IMPORTANCE...

KIRA A EFFECTIVEMENT TUÉ DES POLITICIENS CORROMPUS.

À QUI A-T-IL DIT CELA ?!

JE L'IGNORE !

C'EST UN ÊTRE EFFRAYANT, CE KIRA...

IL COOPÈRE ? QU'ENTENDEZ-VOUS PAR LÀ...?

IL COOPÈRE ?!

AUJOURD'HUI, KIRA COOPÈRE AVEC LES POLITICIENS.

IL NE LES TIENT PAS UNIQUEMENT AVEC SON APTITUDE À TUER... IL LES ALLÈCHE ÉGALEMENT AVEC DE L'ARGENT ET IL LES TIENT PAR LE BOUT DU NEZ...

AINSI, CERTAINS RECEVRAIENT DES POTS-DE-VIN DE LA PART DE KIRA...

...

!

IL PEUT DE CE FAIT APPORTER UNE TRÈS GRANDE CONTRIBUTION AU GOUVERNEMENT...

KIRA EST CAPABLE DE TUER LIBREMENT. IL LUI EST DONC FACILE DE SE PROCURER DE L'ARGENT...

C'EST... C'EST TERMINÉ... CERTAINS VONT MÊME JUSQU'À DIRE QUE KIRA EST L'ARME ULTIME DU JAPON...

...

... ALORS QUE PLUS AUCUN POLICIER AU JAPON N'ENQUÊTERA SUR KIRA...

LA POPULATION DU JAPON... DU MONDE ENTIER SERA BERNÉE...

OUI...

MAIS OFFICIELLEMENT, VA-T-ON CONTINUER À DIRE QUE LA POLICE FAIT TOUT SON POSSIBLE POUR LE CAPTURER ?

JE NE PEUX PAS VOUS DIRE D'ARRÊTER, À VOUS QUI AVEZ CHOISI AU PÉRIL DE VOTRE VIE DE POURSUIVRE KIRA...

...

QUE SE PASSERA-T-IL SI NOUS CONTINUONS À ENQUÊTER MALGRÉ TOUT ?

AUTREMENT DIT...

... CELA SIGNIFIE...

... MAIS SI VOUS CONTINUEZ, CELA NE POURRA PLUS SE FAIRE DANS LE CADRE DE VOTRE TRAVAIL DE POLICIER. CE SERA EN DEHORS DE VOS HEURES DE TRAVAIL, À TITRE PERSONNEL.

IL EST NORMAL POUR DES MEMBRES DE LA POLICE D'AGIR DEPUIS LA PRÉFECTURE DE POLICE.

VOUS NE POUVEZ PLUS AVOIR DANS VOS BUREAUX D'ORDINATEURS RELIÉS AVEC L. EN PLUS, PENDANT VOS HEURES DE TRAVAIL, VOUS NE POURREZ PLUS VOUS ABSENTER SANS RAISON.

OUI...

... QUE L'ON NOUS INTERDIT D'ENQUÊTER AUX CÔTÉS DE L.

...

QUE SE PASSERA-T-IL SI NOUS CONTINUIONS QUAND MÊME NOTRE ENQUÊTE AVEC L ?

VOUS VOULEZ VRAIMENT QUE JE VOUS LE DISE ?

YAGAMI ! VOUS NE M'AVEZ PAS RÉPONDU !

AU REVOIR !

...

TRÈS BIEN, J'AI COMPRIS.

VLAM
クン

JE VOUS REMERCIE DE NOUS AVOIR DONNÉ DE PRÉCIEUSES INFORMATIONS DANS L'AFFAIRE KIRA.

CLIC
カチ

CHEF YAGAMI ! MOGI ! VOUS VOILÀ !

EUH... OUI...

YOTSUBA !?

C'EST GÉNIAL ! GRÂCE À LIGHT ET À MOI, LA PISTE QUI RELIE KIRA À YOTSUBA S'EST FORTEMENT PRÉCISÉE.

COMMENT ?! IL AURAIT PUISÉ DANS LES FONDS COLOSSAUX DE YOTSUBA... ?

JE VIENS JUSTE D'APPRENDRE DU SOUS-DIRECTEUR QUE KIRA AVAIT DONNÉ DES POTS-DE-VIN À DES POLITICIENS.

PAR-DON ?

BIEN JOUÉ ! JE CROIS QUE C'EST ÇA...

ÇA, C'EST UNE SACRÉE INFORMATION. ÇA TIENT DEBOUT ! JE COMPRENDS POURQUOI VOUS AVIEZ L'AIR SI DÉTERMINÉ EN ARRIVANT.

LA POLICE A PLIÉ FACE AUX EXIGENCES DE KIRA.

NON, EXACTEMENT L'INVERSE...

MAIS ALORS L'IDÉE DE LANCER UN APPEL À TRAVERS TOUT LE PAYS À TOUS LES VOLONTAIRES QUI VOUDRAIENT NOUS AIDER A ÉTÉ ACCEPTÉE ?

...

QUOI ?!

... TOUT COMME MOGI ET MOI...

AIZAWA, MATSUDA, SI VOUS SOUHAITEZ ENCORE POURSUIVRE KIRA...

J'AI DÉJÀ EXPLIQUÉ CELA À MOGI, QUI A DÉCIDÉ DE RESTER MALGRÉ TOUT.

?

... ALLEZ DÈS MAINTENANT PRÉSENTER VOTRE DÉMISSION.

MAIS ENFIN ! C'EST BIEN PARCE QU'ON EST DANS LA POLICE QU'ON PEUT LE POURSUIVRE, NON ?

QUE... QU'EST-CE QUE ÇA VEUT DIRE ?

SANS DÉMISSIONNER, IL NE SERA PLUS POSSIBLE DE RECHERCHER KIRA.

C'EST TRÈS SIMPLE. "SI VOUS POURSUIVEZ KIRA AVEC L, VOUS ÊTES VIRÉS !" C'EST CE QUE L'ON VIENT DE ME DIRE.

C'EST UNE DÉCISION PRISE EN HAUT LIEU, PEUT-ÊTRE SOUS LA MENACE DE KIRA.

OUI... SURTOUT CEUX QUI ONT UNE FEMME ET DES ENFANTS...

CHACUN DE VOUS A UNE VIE PRIVÉE. RÉFLÉCHISSEZ BIEN... CE N'EST PLUS SEULEMENT VOTRE VIE QUE VOUS METTEZ EN PÉRIL.

OUI. DANS QUELQUES HEURES, JE NE SERAI PLUS VOTRE CHEF.

MAIS ALORS, CHEF YAGAMI, VOUS ÊTES VRAIMENT DÉCIDÉ À DÉMISSION-NER ?

MAIS MALGRÉ TOUT, VOUS, VOUS ÊTES RESTÉS. VOS INTENTIONS ME SUFFISENT.

LA PLUPART DES POLICIERS M'ONT TOURNÉ LE DOS TOUT DE SUITE PAR PEUR DE SE FAIRE TUER PAR KIRA.

À L'ORIGINE, DE TOUTE FAÇON, J'ÉTAIS SEUL.

MOI, JE CROIS QUE VOUS DEVRIEZ TOUS RETOURNER À VOS BUREAUX DANS LA POLICE.

... JE VOUS PROMETS QU'ON SE REVERRA LORSQUE JE VIENDRAI APPORTER LA TÊTE DE KIRA À LA POLICE.

ET PUIS...

JE VAIS CONTINUER TOUT SEUL.

DEATH NOTE
How to use it
XXVII

○ If you write, "die of disease" with a specific disease's name and the person's time of death, there must be a sufficient amount of time for the disease to progress. If the set time is too tight, the victim will die of a heart attack after 6 minutes and 40 seconds after completing the DEATH NOTE.

Lorsque l'on écrit "mort par maladie" en précisant la date, mais que l'on n'a pas prévu une période suffisante pour la progression de la maladie, la victime meurt d'une crise cardiaque 6 minutes 40 plus tard.

○ If you write, "die of disease" for the cause of death, but only write a specific time of death without the actual name of disease, the human will die from an adequate disease. But the DEATH NOTE can only operate within 23 days (in the human calendar).

This is called the 23-day rule.

Lorsque l'on écrit "mort par maladie" sans préciser la maladie mais en donnant une indication de temps, la victime meurt d'une maladie correspondant au délai précisé. Néanmoins, le death note ne peut pas provoquer de maladies qui durent plus de 23 jours. C'est la "règle des 23 jours".

ET JE VOUS PROMETS QU'ON SE REVERRA LORSQUE JE VIENDRAI APPORTER LA TÊTE DE KIRA À LA POLICE.

JE VAIS CONTINUER TOUT SEUL.

Page 40. PARTENAIRES

QUANT AUX AUTRES, VOUS POUVEZ RETOURNER À VOS BUREAUX...

OUI, C'EST VRAI. LIGHT RESTERA AVEC MOI JUSQU'À CE QUE JE CAPTURE KIRA.

...

RYÛZAKI, TANT QUE JE SERAI LÀ, TU NE SERAS PAS SEUL.

IL Y A AUSSI CETTE PROMESSE-LÀ.

ジャラ CLING

MAIS L'AIDE DE 2 OU 3 PERSONNES AYANT QUITTÉ LA POLICE, ON NE PEUT PAS APPELER ÇA UNE "COLLABORATION DE LA POLICE".

OUI. MAIS CELA ÉTAIT VALABLE LORSQUE VOUS ET VOS HOMMES AVIEZ DÉCIDÉ DE RESTER, ME LIANT AINSI À LA POLICE, ET LORSQUE LA POLICE RÉSISTAIT À KIRA ET QU'ELLE SOUHAITAIT VIVEMENT SA CAPTURE, COMME LORS DE L'INCIDENT À SAKURA TV...

RYÛZAKI, TU AVAIS POURTANT DIT QUE LA COLLABORATION DE LA POLICE ÉTAIT NÉCESSAIRE DANS CETTE AFFAIRE, NON ?

ALORS ÇA IRA COMME ÇA.

ET PUIS, LA POLICE A DÉCIDÉ DE NE PAS ARRÊTER KIRA, N'EST-CE PAS ?

JUSQU'À PRÉSENT, NOUS AVONS RISQUÉ NOS VIES POUR CETTE ENQUÊTE.

... PENSE UN PEU À NOUS !

C'EST VRAI QU'APRÈS AVOIR DÉMISSIONNÉ, NOUS NE SERONS PEUT-ÊTRE PAS D'UNE GRANDE AIDE...

MAIS...

ALORS ? QUE DÉCIDEZ-VOUS ?

OUI, C'EST VRAI...

DÉMISSIONNER ET CONTINUER À POURSUIVRE KIRA, OU BIEN RETOURNER À NOS BUREAUX ET RENONCER... NOUS DEVRIONS AU MOINS AVOIR LE DROIT DE DÉCIDER NOUS-MÊMES.

DÉMISSIONNER, ÇA SIGNIFIE SE RETROUVER AU CHÔMAGE... MÊME SI ON ARRIVE À ARRÊTER KIRA, QUE FERONS-NOUS ENSUITE ?

MAIS... CHEF...

JE N'Y AI PAS ENCORE PENSÉ MAIS... APRÈS AVOIR ARRÊTÉ KIRA...

ENSUITE...?

JE NE PEUX PAS ME SACRIFIER À CE POINT-LÀ...

MATSUDA A RAISON : VOUS ET MOI, NOUS AVONS UNE FAMILLE...

...

... ON RECHERCHERA DU TRAVAIL !

MATSUDA...

OUI, VOILÀ ! MOI, JE DÉMISSIONNE ET JE CONTINUE LES RECHERCHES AVEC VOUS, CHEF !

DE TOUTE FAÇON, J'ÉTAIS RENTRÉ À LA PRÉFECTURE GRÂCE À UN PISTON ALORS... MES PARENTS VONT ÊTRE TRÈS DÉÇUS, MAIS TANT PIS !

JE NE VAIS PAS ARRÊTER MAINTENANT ALORS QUE MES RECHERCHES ONT PERMIS DE TROUVER UN LIEN AVEC LE GROUPE YOTSUBA ! EN PLUS, MOI, J'AI MON BOULOT DE MANAGER DE MISAMISA, JE NE SUIS DONC PAS SANS EMPLOI... HA ! HA !

!?

MATSUDA... FAIS UN PEU ATTENTION À CE QUE TU DIS !

ET PUIS, JE NE VOUDRAIS PAS RENTRER AU BUREAU SANS AVOIR CAPTURÉ KIRA... JE SERAIS VRAIMENT UN LOSER...

AH...
AIZAWA...

PAS QUESTION. SI VOUS RETOURNEZ AU BUREAU, NE VENEZ PLUS ICI. DANS L'ÉTAT ACTUEL DES CHOSES, ON DOIT CONSIDÉRER LA POLICE COMME UN ENNEMI...

RYÛZAKI, ET SI JE VENAIS VOUS AIDER EN DEHORS DE MES HEURES DE TRAVAIL À LA POLICE ?

EN PLUS, SI JE RETOURNE AU BUREAU MAINTENANT, LES TYPES DE LA PREMIÈRE CELLULE D'ENQUÊTE VONT SÛREMENT PENSER QUE JE SUIS UN ESPION À TON SERVICE...

MAIS ENFIN... JE POURRAIS TRÈS BIEN CONTINUER COMME ON A FAIT JUSQU'À PRÉSENT... JE NE RÉVÈLERAI AUCUN SECRET.

SI VOUS VOULEZ NOUS FAIRE SAVOIR QUELQUE CHOSE, EN APPELANT MONSIEUR YAGAMI, PAR EXEMPLE, C'EST AUSSI VOTRE DROIT. MAIS NOUS NE PARTAGERONS AUCUNE DE NOS INFOS AVEC VOUS.

APRÈS AVOIR REGAGNÉ VOTRE BUREAU, SI VOUS VOULEZ POURSUIVRE KIRA TOUT EN OBÉISSANT À LA POLICE, ÇA VOUS REGARDE, VOUS ÊTES LIBRE.

MAIS DANS CE CAS, VOUS, VOUS AURIEZ UN ALLIÉ DANS LA POLICE POUR VOUS TENIR AU COURANT DE CE QUI S'Y PASSE...

JE COMPRENDS... TU AS RAISON... LES INFORMATIONS QUI SONT RÉVÉLÉES ICI NE DOIVENT EN AUCUN CAS EN SORTIR... JE SUIS DÉSOLÉ D'AVOIR DIT ÇA.

...

MOURIR EN SERVICE QUAND ON EST POLICIER, C'EST COMME MOURIR AU CHAMP D'HONNEUR. PAR CONTRE, MOURIR EN TANT QUE CHÔMEUR, C'EST DU GÂCHIS.

... MAIS CONTINUER APRÈS AVOIR QUITTÉ LA POLICE, METTRE SA PROPRE FAMILLE EN DANGER ET LUI CAUSER DES ENNUIS, NON.

POURSUIVRE KIRA AU RISQUE DE SA VIE, EN TANT QUE POLICIER, JE PENSE QUE C'EST UN CHOIX VALABLE...

CHEF, VOUS AUSSI, POURTANT, VOUS AVEZ UNE FAMILLE...

RYÛZAKI A RAISON, AIZAWA. PERSONNE NE T'EN VOUDRA.

OUI, MAIS MA POSITION EST TRÈS DIFFÉRENTE DE LA TIENNE.

OUI, PERSONNE NE CONSIDÉRERA TA DÉMISSION COMME UNE TRAHISON.

DE PLUS, JE N'AI PAS ENCORE ABANDONNÉ L'IDÉE QUE LIGHT SOIT LE PRINCIPAL SUSPECT DANS CETTE AFFAIRE.

TU L'AS VU TOI-MÊME, JE NE PEUX PLUS RECULER. IL Y VA DE MON HONNEUR.

MON FILS A ÉTÉ SOUPÇONNÉ D'ÊTRE KIRA, IL A DEMANDÉ À ÊTRE EMPRISONNÉ À CAUSE DE ÇA... À CAUSE DE KIRA.

CE... CE N'EST PAS JUSTE...

C'EST PEUT-ÊTRE UNE FAÇON ÉTRANGE DE LE DIRE MAIS MON FILS, LUI, EST DÉJÀ GRAND... TOI, TU TE DOIS DE VEILLER SUR L'ÉDUCATION DE TON ENFANT...

... SI J'ABANDONNE MAINTENANT, JE NE POURRAI PLUS REGARDER UKITA EN FACE...

ET PUIS...

MOI AUSSI, J'AIMERAIS CONTINUER... MOI AUSSI, J'AI AGI JUSQU'À PRÉSENT EN SACHANT QUE JE POUVAIS MOURIR À TOUT MOMENT...

NON... VRAI- MENT PAS...

JE T'ÉCOUTE, WATARI.

RYÛZAKI...

MERDE ! POURQUOI LES INSPECTEURS DE POLICE NE PEUVENT-ILS PLUS POURSUIVRE KIRA ?!

ALORS POURQUOI NE LEUR EN PARLES-TU PAS ?

TU M'AS FAIT PROMETTRE AU DÉBUT DE L'ENQUÊTE QUE TOUS CEUX QUI TRAVAILLERAIENT DANS CE Q.G., AINSI QUE LEURS FAMILLES, SERAIENT ASSURÉS DE N'AVOIR AUCUN SOUCI D'ORDRE FINANCIER ET CE, GRÂCE À NOTRE SOUTIEN, QUOI QU'IL LEUR ARRIVE. COMME UN RENVOI DE LA POLICE, PAR EXEMPLE...

QUOI ?
ALORS,
NOTRE
SITUATION
ÉTAIT
ASSURÉE ?!

AH...
PARDON...
J'ÉCOUTAIS
ET JE N'AI
PAS PU
M'EMPÊCHER
DE...

WATARI,
JE NE
T'AI RIEN
DEMANDÉ.

OUI ?

RYÛZAKI...

AIZAWA !
BONNE NOUVELLE,
NON ? DANS CE CAS,
TU N'AS PAS BESOIN
DE GARDER TON TITRE
DE POLICIER POUR
CONTINUER
À ENQUÊTER.

TU VOULAIS
SAVOIR SI
J'ÉTAIS PRÊT À
DÉMISSIONNER
POUR
CONTINUER
L'ENQUÊTE ?

MAIS OUI... TU SAIS TRÈS BIEN QU'IL A CE CÔTÉ UN PEU ENTÊTÉ, HEIN ?

AIZAWA... NON... RYÛZAKI DÉTESTE DIRE CE GENRE DE CHOSES LUI-MÊME, C'EST TOUT.

JE VOULAIS SAVOIR CE QUE VOUS FERIEZ.

JE VOUS TESTAIS...

NON !

RYÛZAKI...

DE TOUTE FAÇON, JE N'AI PAS ÉTÉ CAPABLE COMME LE CHEF ET MATSUDA DE PRENDRE UNE DÉCISION RAPIDE. LE TRAVAIL DANS LA POLICE ME CORRESPOND CERTAINEMENT DAVANTAGE...

MAIS ENFIN, NE LE PRENDS PAS COMME ÇA...

TRÈS BIEN... DANS CE CAS, JE RETOURNE À MON BUREAU DE POLICE.

AIZAWA, ÇA, C'EST NORMAL.

NON. JE QUITTE CE Q.G. À L'INSTANT, JE VIENS DE COMPRENDRE QUE JE DÉTESTE RYÛZAKI ! SA MANIÈRE DE FAIRE, TOUT CE QU'IL FAIT !!

AIZAWA...

MERCI POUR VOTRE TRAVAIL.

VOILÀ ! C'EST ÇA ! CES MENSONGES DITS OUVERTEMENT, JE DÉTESTE ÇA !

MAIS MOI, J'AIME BIEN LES GENS COMME VOUS.

CET IMMEUBLE EST SI GRAND, ET ON EST SI PEU NOMBREUX...

ENCORE UN DE MOINS...

J'AI TROUVÉ AUTRE CHOSE, RYÛZAKI.

MOGI EST LÀ, MAIS CE N'EST PAS UN BAVARD...

ET IL Y A TROIS JOURS, LE P.D.G. DE CETTE MÊME BANQUE, TOKIO YAKODA, A ÉTÉ INTERROGÉ DANS LE CADRE D'UNE AFFAIRE DE CORRUPTION. IL N'A PAS ENCORE ÉTÉ ARRÊTÉ, MAIS ON PEUT SUPPOSER QU'IL SERA UNE DES PROCHAINES VICTIMES DE KIRA, À MOINS QU'IL NE SE SUICIDE. LA BANQUE OOTOMO SE RETROUVE EN TRÈS MAUVAISE POSTURE. ELLE RISQUE D'ÊTRE DÉPASSÉE PAR LA BANQUE YOTSUBA, QUI DEVIENDRAIT ALORS LA PREMIÈRE DU PAYS...

LE 10 SEPTEMBRE, JUNICHI YAIBE, DIRECTEUR DE L'AGENCE DE IIDABASHI DE LA BANQUE OOTOMO, EST MORT EN FAISANT UNE MAUVAISE CHUTE DANS LES ESCALIERS À SON DOMICILE. LE MOIS PROCHAIN, IL AURAIT DÛ DEVENIR SOUS-DIRECTEUR DE LA MAISON MÈRE. IL ÉTAIT CONSIDÉRÉ COMME L'UN DES MEILLEURS EMPLOYÉS D'OOTOMO.

NOUS AVONS LAISSÉ PASSER QUELQUE CHOSE D'ÉVIDENT.

AH BON ? VRAIMENT ?

EN REPRENANT LES RECHERCHES, JE ME SUIS RENDU COMPTE QUE LES MORTS QUI ARRANGENT YOTSUBA ONT SOUVENT LIEU LE WEEK-END.

!?

LE 10 SEPTEMBRE... C'ÉTAIT UN VENDREDI, N'EST-CE PAS ?

JE TE L'AI DÉJÀ DIT, JE NE SUIS PLUS TON CHEF.

CHEF, C'EST UNE BELLE TROUVAILLE ! SURTOUT QUE LIGHT ET RYÛZAKI NE L'AVAIENT PAS REMARQUÉ...

MAIS POUR MOI, VOUS RESTEZ LE "CHEF YAGAMI".

C'ÉTAIT AUSSI LE CAS DES TROIS MORTS QUI ONT ATTIRÉ L'ATTENTION DE LIGHT.

EN CE QUI CONCERNE LA PREMIÈRE SÉRIE DE MORTS, QUI A COMMENCÉ IL Y A TROIS MOIS, LES DÉCÈS SE PRODUISAIENT N'IMPORTE QUEL JOUR, MAIS PETIT À PETIT, ILS SE SONT CONCENTRÉS LE SAMEDI APRÈS-MIDI.

IL DEVRAIT DONC ÊTRE CAPABLE DE CHOISIR D'AUTRES TYPES DE MORTS, COMME L'ACCIDENT, EN CHOISISSANT INDIFFÉREMMENT LE JOUR DE LA MORT POUR NE PAS ÉVEILLER LES SOUPÇONS... ALORS POURQUOI LE WEEK-END...? KIRA NE SERAIT PAS MÊLÉ À ÇA ?

SI KIRA EST MÊLÉ À CETTE SÉRIE DE MEURTRES, C'EST QU'IL PEUT TUER AUTREMENT QU'AVEC DES CRISES CARDIAQUES.

C'EST ÉTRANGE...

LES MORTS ONT LIEU LE WEEK-END DÉSORMAIS... QU'EST-CE QUE ÇA VEUT DIRE ?

...

QU'EST-CE QUE TU CROIS ? JE VAIS VOUS MONTRER, À RYÛZAKI ET À TOI, QUE JE PEUX VOUS ÊTRE UTILE, MOI AUSSI !

MOI NON PLUS, JE N'AVAIS PAS RELEVÉ ÇA... C'EST SÛREMENT UN INDICE, PAPA.

MOGI, MERCI POUR CE TRAVAIL FASTIDIEUX.

J'AI FAIT LA LISTE DE TOUS LES EMPLOYÉS DE YOTSUBA À TRAVERS LE MONDE.

ON VA PASSER YOTSUBA AU PEIGNE FIN !

... NOUS ALLONS ENQUÊTER EN SUPPOSANT QU'IL EST IMPLIQUÉ.

KIRA TRAVAILLE-T-IL POUR YOTSUBA ? EST-IL UTILISÉ PAR YOTSUBA ? EST-IL ÉTRANGER À TOUT ÇA ? JE L'IGNORE MAIS...

EUH... BON... MOI AUSSI, JE...

AH... MON PORTABLE DE MANAGER...

IL N'Y A PAS À DIRE, VOUS ÊTES TRÈS EFFICACE.

PLUS DE 300 000 EMPLOYÉS... ARRIVER À LISTER TOUT ÇA EN SI PEU DE TEMPS, BRAVO, MOGI.

BON, J'AIMERAIS BIEN VOUS AIDER, MAIS JE DOIS L'ACCOMPAGNER. À TOUT À L'HEURE !

AH, C'EST VRAI, LE TOURNAGE DU FILM COMMENCE CET APRÈS-MIDI...

MATSU ! JE PARS EN TOURNAGE !

LE NOMBRE D'EMPLOYÉS EST IMPRESSIONNANT MAIS CELUI DES FILIALES, ALORS...

PAR OÙ COMMENCER...?

SI SEULEMENT ON ÉTAIT PLUS NOMBREUX...

WATARI !

OUI ?

LA POLICE, PAS QUESTION. QUICONQUE VIENDRAIT APRÈS AVOIR DÉMISSIONNÉ POURRAIT ÊTRE UN ENNEMI.

CERTES, MAIS IL ME PARAÎT DIFFICILE D'AUGMENTER NOS EFFECTIFS MAINTENANT. JE CRAINS QUE PERSONNE NE SOIT PRÊT À QUITTER LA POLICE POUR NOUS AIDER.

POUR ENQUÊTER SUR UN GÉANT COMME YOTSUBA, JE NE PEUX PAS PASSER PAR TOI, ÇA PRENDRAIT TROP DE TEMPS. EN PLUS, MA FAÇON DE PENSER N'EST PAS FACILE À SAISIR.

ENTRE EUX ET MOI, ON PEUT CONSIDÉRER QU'IL Y A UNE RELATION DE CONFIANCE.

ENTENDU. JE LES RECHERCHE.

PEUX-TU FAIRE VENIR AIBER ET WEDY ?

PARDON ? JE SAIS OÙ ILS SONT, MAIS TU VEUX VRAIMENT LEUR MONTRER TON VISAGE ?

SAT
SAT

3
JOURS
PLUS
TARD.

SAT

WEDY.
PROFESSION :
VOLEUSE.

MOI, C'EST
AIBER, ESCROC
PROFESSIONNEL.

NOUS
ALLONS
L'UTILISER
COMME
AGENT
D'INFILTRATION.

AIBER
MAÎTRISE
PLUSIEURS
LANGUES,
IL CONNAÎT LA
PSYCHOLOGIE ET
IL SAIT MODIFIER
SA PERSONNALITÉ.
BREF, IL POSSÈDE
TOUT CE QUI EST
NÉCESSAIRE EN
SOCIÉTÉ. C'EST UN
ESCROC QUI SAIT
CRÉER DES LIENS
INTIMES AVEC
N'IMPORTE QUELLE
PERSONNE QU'IL
CHOISIT.

OUI.

UN
ESCROC...
ET UNE
VOLEUSE...?

ILS ONT TOUS LES DEUX UN CASIER.

CE SONT DES CRIMINELS.

J'EN VEUX POUR PRELIVE LE FAIT QU'ILS SONT RENTRÉS ICI SANS QUE PERSONNE NE LES REMARQUE.

WEDY EST UNE VOLEUSE CAPABLE D'OUVRIR N'IMPORTE QUELS COFFRES, SERRURES OU SYSTÈMES DE SÉCURITÉ.

DITES-VOUS QUE CE SONT DES SPÉCIA-LISTES DANS LEUR DOMAINE.

CE SONT NÉANMOINS DES CRIMINELS UN PEU DIFFÉRENTS DE CEUX QUE KIRA PUNIT, PUISQU'ON NE PARLE PAS D'EUX.

TU VEUX TRAVAILLER AVEC DES CRIMINELS... ?

UNISSONS NOS FORCES ET DONNONS LE MEILLEUR DE NOUS-MÊMES !

OUI, C'EST LOGIQUE : POUR ENQUÊTER SUR YOTSUBA, ON AURA BESOIN DE PERSONNES COMME CES DEUX-LÀ.

QUAND VOUS ÉTIEZ ENCORE DANS LA POLICE, JE POUVAIS DIFFICILEMENT LES FAIRE VENIR ICI, MAIS MAINTENANT...

AUCUN D'EUX NE SOUHAITE SE MONTRER ET MOI, JE NE ME MONTRE QU'AUX PERSONNES EN QUI J'AI PLEINEMENT CONFIANCE. JE DEMANDERAI MÊME PEUT-ÊTRE À CERTAINS D'HABITER ICI.

J'AI DÉJÀ PRÉVU D'AUTRES PERSONNES QUE JE PEUX APPELER EN FONCTION DE NOS BESOINS.

AH...

OUI...

...

MAIS ENFIN...

YUMI... ERIKO...

CHÉRI...

PAPA !!

ÇA ALORS...

AH ! PAPA !!

OUI, C'EST ÇA.

UNE PERMISSION, ÇA VEUT DIRE DES VACANCES ?

YOUPI !!!

PARDON... JE N'AVAIS PAS PRIS DE CONGÉS PENDANT LONGTEMPS ET LÀ, J'AI EU UNE PERMISSION.

TU AURAIS PU ME PRÉVENIR QUE TU RENTRAIS... JE N'AI PAS PRÉVU TA PART POUR LE REPAS.

MOI, JE TE DONNERAI LA MOITIÉ DE MA PART !

ALORS À NOUS LES JARDINS PUBLICS, LES ZOOS...

... LES PARCS D'ATTRACTIONS...

ET EN PLUS, DÉSORMAIS, JE POURRAI ÊTRE LÀ TOUS LES WEEK-ENDS !

C'EST VRAI ? SUPER !!

MAMAN, PAPA PLEURE...

QU'EST-CE QU'IL Y A, PAPA ?

DEATH NOTE
How to Use it
XXVIII

⊙ If you write, "die of disease" like before with a specific disease's name, but without a specific time, if it takes more than 24 days for the human to die the 23-day rule will not take effect and the human will die at an adequate time depending on the disease.

Si l'on écrit "mort par maladie", comme précédemment,
en spécifiant la maladie mais sans donner de précision de temps,
la règle des 23 jours ne s'applique pas et la victime mourra
dans le délai correspondant à la maladie,
que celui-ci dépasse 23 jours ou pas.

⊙ When rewriting the cause and/or details of death it must be done within 6 minutes and 40 seconds. You cannot change the victim's time of death, however soon it may be.

Lorsque l'on réécrit les causes et/ou les détails de la mort,
cela doit être fait dans un laps de temps de 6 minutes 40.
Il n'est cependant plus possible de corriger le moment de la mort.

Page 41. MATSUDA

JE T'AIME...

LA MAISON MÈRE DU GROUPE YOTSUBA À TOKYO...

OUI, MAIS MOI, LES SCÈNES DE BAISER, C'EST NON !

ET COMMENT VEUX-TU QU'ON TOURNE LE FILM DANS CES CONDITIONS ?

QUOI ? C'EST MAINTENANT QUE TU ME DIS ÇA... ?

DITES, MOI, J'AI DÉJÀ UN PETIT AMI, ALORS SI ON POUVAIT ÉVITER LES SCÈNES D'AMOUR...

IL N'Y A PAS À DIRE, VOUS ÊTES TRÈS EFFICACE, MOGI !

BRAVO, PAPA ! CE SERA SÛREMENT UN PRÉCIEUX INDICE !

LES MORTS QUI ONT PROFITÉ AU GROUPE YOTSUBA ONT EU LIEU PRINCIPALEMENT ENTRE LE VENDREDI ET LE SAMEDI APRÈS-MIDI...

NOUS SOMMES VENDREDI...

ON FAIT DEUX HEURES DE PAUSE.

VRAIMENT...!

MAIS QU'EST-CE QU'ILS ONT TOUS...?

HEIN ?! MAIS OÙ VAS-TU ?

BON, O.K. ! JE REVIENDRAI À CE MOMENT-LÀ !

TAP

MISAMISA, LE TOURNAGE DOIT DURER ENCORE LONGTEMPS AUJOURD'HUI, N'EST-CE PAS ?

MATSU ! JE N'AIME PAS CE RÉALISATEUR, TU SAIS...

HEIN ? BEN OUI ! IL A DIT QU'ON EN AURAIT AU MOINS JUSQU'À 22H...

S'IL S'AVÈRE QUE KIRA PEUT TUER AUTREMENT QU'EN CAUSANT DES CRISES CARDIAQUES...

LORSQUE JE SUIS ALLÉ À SPACELAND AVEC YURI, KIICHIRÔ OSOREDA, QUI AVAIT FAIT UN BRAQUAGE LA VEILLE, A DÉTOURNÉ LE BUS, ET A TIRÉ DANS TOUS LES SENS...

PUIS, IL A SAUTÉ DU BUS, S'EST FAIT RENVERSER PAR UNE VOITURE, ET IL EST MORT...

CRiii

...QUI A DISPARU...

ET LA FIANCÉE DE RAYE PENBER, NAOMI MISORA...

EN MANIPULANT OSOREDA, IL ÉTAIT POSSIBLE DE DÉMASQUER CET AGENT... ÇA SE TIENT.

DANS LE BUS, IL Y AVAIT CET AGENT DU FBI, RAYE PENBER...

SE POURRAIT-IL QUE L'HYPOTHÈSE DE RYÛZAKI À MON PROPOS...? NON...

POURQUOI NE ME SUIS-JE PAS PENCHÉ SUR CE POINT PLUS TÔT...? PARCE QUE JE PENSAIS QUE KIRA NE POUVAIT TUER QU'EN CAUSANT DES CRISES CARDIAQUES ? NON, MALGRÉ TOUT, J'AURAIS DÛ M'INTÉRESSER À PENBER ET À NAOMI...

OUI, C'EST BIEN CE QU'ELLE DISAIT...

JE SAIS QUE JE L'AI RENCONTRÉE LE 1ER JANVIER. JE NE ME SOUVIENS PLUS DU CONTENU PRÉCIS DE NOTRE CONVERSATION, MAIS JE SAIS QU'ON A PARLÉ DE L'AFFAIRE KIRA. ELLE DISAIT QUE KIRA POUVAIT TUER AUTREMENT QU'EN PROVOQUANT DES CRISES CARDIAQUES...

C'EST VRAI QU'IL Y A BIEN DES PERSONNES DONT JE PENSE QU'ELLES N'ONT PAS LEUR PLACE DANS NOTRE MONDE MAIS... ... JE NE SUIS PAS PERSUADÉ QUE L'ON PUISSE CHANGER LE MONDE EN DEVENANT SOI-MÊME UN MEURTRIER ET EN TUANT LES CRIMINELS.

MAIS EN SUPPOSANT QUE JE DISPOSE DE CE POUVOIR DE TUER LES GENS DONT JE CONNAIS LE VISAGE ET LE NOM, L'UTILISERAIS-JE POUR CHÂTIER LES PERSONNES MALINTENTIONNÉES ?

CA COMPLI-QUERAIT LES CHOSES, C'EST TOUT.

JE FERAIS MIEUX DE NE PAS PARLER DE PENBER ET DE NAOMI À RYÛZAKI. ÇA N'A AUCUN SENS.

ET PUIS, TUER DES CENTAINES DE PERSONNES ET N'EN AVOIR AUCUN SOUVENIR, C'EST IMPOSSIBLE.

NON... JE RÉFLÉCHIS TROP. KIRA, ÇA NE PEUT PAS ÊTRE MOI.

OUI ?

LIGHT ?

IL Y A PLUS IMPORTANT POUR L'INSTANT... LES MEURTRES DE CRIMINELS SE POURSUIVENT...

IL FAUT SE CONCENTRER SUR LES RECHERCHES ET SUR LA CAPTURE DE KIRA.

ILS NE VONT PAS LAISSER LÀ DES PREUVES DE LEUR RELATION AVEC LUI.

J'AI RÉUSSI À M'INFILTRER DANS LE RÉSEAU INFORMATIQUE DE YOTSUBA MAIS, COMME ON POUVAIT S'Y ATTENDRE, JE N'AI RIEN TROUVÉ LES RELIANT À KIRA.

AH, RIEN... À FORCE DE FIXER MON ÉCRAN D'ORDINATEUR, JE COMMENCE À ÊTRE FATIGUÉ.

QU'Y A-T-IL ? TU ES BIEN SÉRIEUX TOUT À COUP...

... C'ÉTAIT SIMPLEMENT POUR ENQUÊTER À MA FAÇON SUR KIRA... ET PAS PARCE QUE JE SUIS KIRA !

C'EST VRAI, J'AI DÉJÀ FAIT ÇA SUR L'ORDINATEUR DU BUREAU DE PAPA MAIS...

WAOUH ! DIS DONC, SI TU SAIS FAIRE DU HACKING COMME ÇA, TU AS TRÈS BIEN PU PIRATER LE RÉSEAU DE LA POLICE, HEIN ?

OUI, C'EST VRAI. NOUS DEVONS CAPTURER LE KIRA QUI AGIT MAINTENANT, PARCE QU'IL NE FAIT AUCUN DOUTE QUE C'EST LA MEILLEURE PISTE QUE NOUS AYONS JAMAIS EUE.

TU PENSES ENCORE À ÇA, RYÛZAKI ?

TU AS LE DROIT DE ME SOUPÇONNER SI TU LE SOUHAITES, MAIS POUR L'INSTANT, JE PRÉFÉRERAIS QUE TU TE CONCENTRES SUR NOS AFFAIRES EN COURS.

LE DÉTECTIVE ERALD COYLE A REÇU UNE OFFRE : ON LUI DEMANDE DE DÉCOUVRIR L'IDENTITÉ DE L...

JE T'ÉCOUTE, WATARI.

RYÛZAKI !!!

BRAVO POUR CES RECHERCHES, WATARI !

LE DEMANDEUR EST PASSÉ PAR DEUX AGENTS INTERMÉDIAIRES POUR NE PAS ÊTRE RECONNU, MAIS NOUS L'AVONS LOCALISÉ. IL S'AGIT DU DIRECTEUR DE LA DIVISION DES DROITS DU GROUPE YOTSUBA À TOKYO, MASAHIKO KIDA.

100 000 DOLLARS PAYÉS D'AVANCE ET 1 400 000 ENSUITE, EN CAS DE SUCCÈS.

ALORS C'EST BIEN YOTSUBA ...!

DANS UNE ENTREPRISE DE CETTE TAILLE, ILS NE PEUVENT PAS SE SOUVENIR DE TOUT LE MONDE. JE DOIS POUVOIR ME FAIRE PASSER POUR UN EMPLOYÉ.

TAP TAP TAP たた

ZUT ! SI JE SUIS EN RETARD À LA RÉUNION DE 15H, LE CHEF VA M'ENGUEUL-LER...

ENTENDU. SI VOUS VOULEZ BIEN INSCRIRE ICI L'OBJET DE VOTRE VISITE ET VOTRE NOM...

OUI. À 15H.

AVEZ-VOUS RENDEZ-VOUS ?

LES EMPLOYÉS ENTRENT PAR LÀ EN UTILISANT LEUR BADGE MAGNÉTIQUE...

SLAT

ÇA S'ANNONCE MAL...

LÀ !

ATTENDS... LES SOCIÉTÉS DE CE GENRE ONT TOUJOURS UNE AUTRE ENTRÉE...

MAIS SI J'ARRIVE À TROMPER LA VIGILANCE DE CE GARDIEN...

IL Y A QUEL-QU'UN, LÀ AUSSI...

BOÎTE DE REMISE DES BADGES

JE NE SUIS PLUS DANS LA POLICE... SI L'ON ME REMARQUE, JE ME FERAI ARRÊTER...

ÇA, C'EST UNE ENTRÉE PAR EFFRACTION...

BOÎTE DE REMIS DES

VOILÀ QUI EST TRÈS EMBÊTANT... NOUS MANQUONS DÉJÀ DE PERSONNEL, MAIS SI EN PLUS, IL FAUT SE MÉFIER D'ERALD COYLE... SURTOUT QUE COYLE NE S'EST JAMAIS MONTRÉ...

SI YOTSUBA, QUI TRAVAILLE AVEC KIRA, CHERCHE À CONNAÎTRE TON IDENTITÉ, C'EST FORCÉMENT POUR TE TUER.

ERALD COYLE... C'EST BIEN CE DÉTECTIVE QUI EST PRESQUE AUSSI CÉLÈBRE QUE L, N'EST-CE PAS ? SON SAVOIR-FAIRE EXCEPTIONNEL ET L'INTÉRÊT QU'IL PORTE À L'ARGENT SONT DE NOTORIÉTÉ PUBLIQUE...

... C'EST MOI...

NE VOUS EN FAITES PAS... ERALD COYLE...

LÀ, VOILÀ.

DÉCIDÉMENT, TU ES TRÈS FORT, RYUZAKI.

CEUX QUI ONT ESSAYÉ DE SAVOIR QUI JE SUIS SONT SOUVENT TOMBÉS DANS LE PANNEAU. C'EST WATARI QUI JOUE LES INTERMÉDIAIRES, ALORS ON LES REPÈRE VITE.

L, ERALD COYLE ET DENEUVE SONT LES TROIS DÉTECTIVES LES PLUS RÉPUTÉS DANS LE MONDE AUJOURD'HUI. JE SUIS LES TROIS. MERCI DE GARDER CELA SECRET.

QUOI ? COYLE, C'EST TOI ?

MASAHIKO KIDA. IL EST BIEN DANS LA LISTE DES EMPLOYÉS DE YOTSUBA.

MASAHIKO KIDA
ENTRÉ EN 1984
DANS LA SOCIÉTÉ
DIPLÔMÉ DE L'UNIVERSITÉ
DE TÔÔ, FACULTÉ DES SCIENCES

AH BON ? KIRA NE MANQUE PAS DE MOYENS POUR RASSEMBLER DES FONDS. EN FAIT, SI C'EST BIEN LUI, KIRA, IL PEUT RECEVOIR AUTANT D'ARGENT QU'IL LE SOUHAITE...

NON, PAS FORCÉMENT.

MÊME SI YOTSUBA EST UNE GRANDE SOCIÉTÉ, C'EST TOUT DE MÊME ÉTRANGE QU'UN SIMPLE DIRECTEUR DU DÉVELOPPEMENT SOIT HABILITÉ À DÉPLACER DE TELLES SOMMES D'ARGENT. KIRA, CE SERAIT DONC LUI ?

JE CROIS QUE LE MOMENT EST VENU POUR AIBER ET WEDY D'ENTRER EN SCÈNE.

C'EST JUSTE. MÊME SI CE KIDA EST LE DEMANDEUR, IL ME SEMBLE TROP SIMPLE QU'IL SOIT AUSSI KIRA.

IL LUI SUFFIRAIT PAR EXEMPLE DE MENACER DE MORT LE DIRECTEUR DU GROUPE POUR LUI SOUTIRER DE L'ARGENT.

SELON CETTE HYPOTHÈSE, KIRA RECEVRAIT DE L'ARGENT EN ÉCHANGE D'UNE AUGMENTATION DES PROFITS RÉALISÉS PAR LE GROUPE YOTSUBA. POURTANT, COMME TU LE DIS, S'IL VEUT DE L'ARGENT, IL DISPOSE DE BIEN D'AUTRES RESSOURCES.

MERDE ! UN GROUPE DE PERSONNES VIENT PAR ICI.

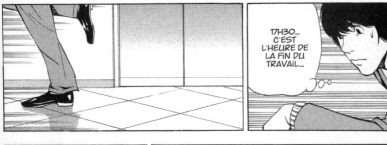

17H30... C'EST L'HEURE DE LA FIN DU TRAVAIL...

NON... JE SERAIS RENTRÉ ICI POUR RIEN... JE VAIS ATTENDRE QU'IL N'Y AIT PLUS PERSONNE ET COMMENCER MES RECHERCHES... NON... SI JE ME FAIS ATTRAPER... MIEUX VAUT PARTIR...

JE FERAIS PEUT-ÊTRE MIEUX DE ME MÊLER À EUX ET DE SORTIR...

UNE RÉUNION SECRÈTE...?! UN VENDREDI SOIR... ILS SEMBLENT DIRE QU'ELLE EST RÉGULIÈRE... BINGO !! ON DIRAIT QUE C'EST MON JOUR DE CHANCE...

BAH, DEMAIN, C'EST LE WEEK-END, C'EST DÉJÀ ÇA. J'IMAGINE QUE SI ON AVAIT CETTE INTERMINABLE RÉUNION SECRÈTE LE LUNDI MATIN, JE DÉPRIMERAIS À L'IDÉE DE COMMENCER LA SEMAINE...

PFF ! ON REMET ENCORE ÇA AUJOURD'HUI... JE SUIS CREVÉ, MOI...

OUI, CE N'EST PAS FAUX.

!

15

TAP

NON ! ATTENDS !

19e ÉTAGE.

ET MOI, TOUT CE QUE J'AI À FAIRE, C'EST METTRE HORS SERVICE LES CAMÉRAS DE SURVEILLANCE ET LE SYSTÈME INFORMATIQUE DE LA SOCIÉTÉ OÙ IL TRAVAILLE ?

IL FAUT JUSTE ARRIVER À L'APPROCHER, C'EST ÇA ? COMPTE SUR MOI.

OUI.

O.K., MERCI.

LA SÉRIE DE MORTS QUI ARRANGENT LES AFFAIRES DU GROUPE AINSI QUE LE FAIT QUE LES MEMBRES DE CELUI-CI AIENT CHERCHÉ À DÉCOUVRIR MON IDENTITÉ NOUS AMÈNENT À LA CONCLUSION QUE YOTSUBA ET KIRA SONT LIÉS.

NOTRE ADVERSAIRE EST À LA FOIS YOTSUBA ET KIRA.

JE PENSE QUE VOUS AVEZ TOUS BIEN COMPRIS, MAIS JE REPRENDS UNE DERNIÈRE FOIS POUR QU'IL N'Y AIT PAS D'ERREURS.

BIEN...

C'EST D'ABORD PAR ÇA QUE NOUS DEVONS COMMENCER : COMBIEN SONT-ILS À JOUIR DE CE POUVOIR ? ET QUI SONT-ILS ?

RIEN NE NOUS DIT QU'UNE SEULE PERSONNE DU GROUPE POSSÈDE LE POUVOIR DE KIRA, MAIS SI L'ON FOUILLE, ON DEVRAIT LE DÉCOUVRIR.

NOUS SUPPOSONS QUE CE POUVOIR PERMET À CELUI QUI LE DÉTIENT DE TUER, SUIVANT SA VOLONTÉ, CELUI OU CELLE DONT IL CONNAÎT LE NOM ET LE VISAGE. C'EST DONC UNE RECHERCHE TRÈS DIFFICILE ET TRÈS DANGEREUSE.

DE PLUS, IL EST POSSIBLE QUE CE POUVOIR PUISSE SE TRANSMETTRE ENTRE PERSONNES.

AUSSI...

PAR AILLEURS...

MENONS NOS RECHERCHES AVEC LA PLUS GRANDE PRUDENCE ET SANS PRÉCIPITATION.

CONSIDÉREZ QU'ÊTRE DÉCOUVERT ÉQUIVAUDRAIT À AVOIR PERDU TOUTE CHANCE DE CAPTURER KIRA.

... NOUS DEVONS ABSOLUMENT VEILLER À CE QUE PERSONNE DANS LA SOCIÉTÉ YOTSUBA NE SACHE QUE NOUS ENQUÊTONS.

... CHACUN DOIT ÉVITER TOUTE PRISE DE DÉCISION EN HÂTE, TOUTE ACTION PRÉCIPITÉE.

POUR TERMINER...

NOUS DEVONS DONC TROUVER DES PREUVES SANS NOUS FAIRE REMARQUER. C'EST LE SEUL MOYEN.

LA PREUVE QUE CETTE PERSONNE POSSÈDE CE POUVOIR ET QU'ELLE EN FAIT USAGE POUR TUER EST NÉCESSAIRE POUR QUE L'ON PUISSE EXPLIQUER CLAIREMENT COMMENT ELLE PROCÈDE.

...JE N'ARRIVE PAS À SAISIR CE QU'ILS DISENT...

ZUT... JE LES ENTENDS PARLER MAIS...

ET LÀ, J'AI ENTENDU LE MOT "KIRA"... OUI, C'EST ÇA...!!

JE SUIS SÛR D'AVOIR COMPRIS ÇA. ILS ONT PARLÉ DE "TUER"...

QUOI ?! "FAIRE TUER PAR KIRA"...?! J'AI BIEN ENTENDU ?!

UNE HEURE PLUS TARD.

SE POURRAIT-IL QUE...?

MAIS UNE RÉUNION SECRÈTE LE VENDREDI SOIR, DE PLUSIEURS PERSONNES...

J'AI TROUVÉ !! JE SUIS TROP FORT !!

CLAC カチャ...

MAIS ALORS... C'EST BIEN ÇA... KIRA EST LÀ...

JE VAIS AUX TOILETTES, MOI AUSSI...

ET ALORS ?

...

MATSUDA VIENT DE LANCER UN APPEL D'URGENCE DEPUIS SA CEINTURE...

JE T'ÉCOUTE, WATARI.

RYÛZAKI...

... ET POUR NE PAS QUE L'ON SE FASSE REPÉRER DANS NOS RECHERCHES, NOUS AVONS BESOIN QU'AIBER ET WEDY...

S'IL A APPUYÉ SUR SON APPEL D'URGENCE, C'EST PEUT-ÊTRE QU'IL EST DÉJÀ TROP TARD...

QUE... QUOI ?! MATSUDA !! SI JAMAIS IL SE FAIT REPÉRER...

IL SEMBLE QUE LE SIGNAL PROVIENNE DE L'INTÉRIEUR DU BÂTIMENT DE YOTSUBA À TOKYO...

BON... OUBLIEZ TOUT CE QUE JE VIENS DE VOUS DIRE. JE RÉFLÉCHIS À UN NOUVEAU PLAN...

...

DANS CE CAS, IL VA CERTAINEMENT SE FAIRE TUER.

...

MATSUDA... QUEL IMBÉCILE...

...

DEATH NOTE
How to use it

XXIX

◦ You cannot kill humans at the age of 124 and over with the DEATH NOTE.

On ne peut pas tuer des personnes âgées de plus de 124 ans avec le death note.

◦ You cannot kill humans with less than 12 minutes of life left (in human calculations).

On ne peut pas tuer quelqu'un à qui il reste moins de 12 minutes à vivre [en temps humain].

Page 42. PARADIS

QUI ES-TU, TOI ?!

MERDE... JE VAIS Y PASSER...

AH, VOILÀ, JUSTE AU BON MOMENT...

JE M'APPELLE TARÔ MATSUI, JE FAIS DU MANAGEMENT CHEZ YOSHIDA PRODUCTIONS.

AU PRINTEMPS PROCHAIN, NOTRE VEDETTE MONTANTE, MISA AMANE, TRÈS POPULAIRE DANS LES MAGAZINES DE MODE NOTAMMENT, AURA LE RÔLE PRINCIPAL DANS LE FILM "HARU JÛHACHIBAN", ET NOUS MISONS BEAUCOUP SUR ELLE.

NOUS NOUS DEMANDIONS SI VOUS NE SERIEZ PAS INTÉRESSÉS PAR LE FAIT QU'ELLE REPRÉSENTE LA SOCIÉTÉ YOTSUBA DANS DES PUBLICITÉS ?

EH ! QUI NOUS DIT QU'IL N'ÉTAIT PAS EN TRAIN D'ESPIONNER DERRIÈRE LA PORTE...?

DU CALME. IL N'Y AVAIT DE TOUTE FAÇON RIEN DE SECRET DANS NOTRE CONVERSATION...

HATORI ! SHIMURA ! EMMENEZ-LE DANS UNE AUTRE PIÈCE POUR ÉCOUTER CE QU'IL A À DIRE.

EUH... OUI, D'ACCORD.

NON...

CES DEUX-LÀ VONT ME SURVEILLER PENDANT QUE LES AUTRES DÉCIDENT DE MON SORT... ÇA Y EST, JE VAIS ME FAIRE TUER...

PFF... EN PLEINE RÉUNION... ALLEZ, VIENS, TU VAS NOUS EN DIRE UN PEU PLUS.

AH... JE VOUS REMERCIE.

DIFFICILE D'EN ÊTRE SÛRS. ET DANS CES CONDITIONS, IL N'Y A QU'UNE SOLUTION : LE TUER.

IL N'ÉTAIT PAS DANS LA PIÈCE. IL N'A PAS PU ENTENDRE CE QUE NOUS DISIONS, N'EST-CE PAS ?

QUE FAIT-ON ?

CERTAINEMENT PAS UN FLIC. NOUS SOMMES CERTAINS QUE LA POLICE A LÂCHÉ L'AFFAIRE KIRA, ET PERSONNE N'A PU FAIRE LE RAPPROCHEMENT ENTRE L'ENSEMBLE DES DÉCÈS ET NOUS. JE NE VOIS PAS POURQUOI LA POLICE VIENDRAIT ICI.

D'ABORD, EST-IL VRAIMENT AGENT ARTISTIQUE ? C'EST PEUT-ÊTRE UN ESPION DE LA CONCURRENCE, OU MÊME UN POLICIER.

OUI, MAIS ON NE PEUT PAS LE TUER DANS LES LOCAUX DE L'ENTREPRISE. ET SI ON PROGRAMME UNE MORT PAR ACCIDENT ET QU'IL EN PARLE À QUELQU'UN AVANT DE MOURIR...

ON N'A PAS LE TEMPS DE TERGIVERSER. IL FAUT LE TUER. LE PROBLÈME SERA ENSUITE DE LE CACHER.

OUI, MAIS COMMENT...? ON NE PEUT PAS LE LÂCHER AVANT QU'IL MEURE, ET IL NE PEUT PAS MOURIR ICI.

PEU IMPORTE QUI IL EST. C'EST DANGEREUX. IL FAUT LE TUER !

TU AS RAISON. COMMENT LE TUER ET COMMENT CACHER CE CRIME ?

AVEC MATSUDA, VA SAVOIR...

MATSUDA EST CENSÉ RESTER EN PERMANENCE AVEC AMANE. ÇA VEUT DIRE QU'ILS SONT TOUS LES DEUX LÀ-BAS ?

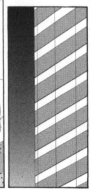

RYÛZAKI... TU PRENDS DES RISQUES...

NE T'EN FAIS PAS, JE SAIS CE QUE JE FAIS.

OUI...

MONSIEUR YAGAMI, APPELEZ-LE SUR SON TÉLÉPHONE PORTABLE DE MANAGER.

BIP BIP BIP

OUI. AUCUN DOUTE, J'Y VEILLE PERSONNELLEMENT.

LORSQU'IL EST À L'EXTÉRIEUR, MATSUDA NE PORTE SUR LUI QUE DES OBJETS LE DÉSIGNANT COMME ÉTANT TARÔ MATSUI, LE MANAGER DE MISA, N'EST-CE PAS ?

VU QUE C'EST UN FAUX NOM, JE NE PEUX PAS ÊTRE TUÉ PAR LE POUVOIR DE KIRA, HEIN ? À MOINS QUE, COMME AVEC LE DEUXIÈME KIRA, LA CONNAISSANCE DU VISAGE NE SUFFISE POUR ME TUER ? QUOI QU'IL EN SOIT, SI JE SUIS TOUJOURS EN VIE, C'EST QU'ILS NE M'ONT PAS ENCORE DÉMASQUÉ... BON SANG, TOUT ÇA S'EMBROUILLE DANS MA TÊTE...

NON, EN EFFET, JE SUIS MANAGER. ENFIN, JE FAIS DU RECRUTEMENT DE MANNEQUINS, JE M'OCCUPE DE LA PROMO, JE FAIS UN PEU DE TOUT, VOUS VOYEZ. ALORS ? QUE DITES-VOUS DE MISAMISA ?

TU NE PORTES SUR TOI AUCUN OBJET SUSPECT, TU N'AS PAS L'AIR D'ÊTRE UN ESPION DE LA CONCURRENCE.

"TARÔ MATSUI, YOSHIDA PRODUCTIONS, MANAGER"...

ASAHI !
IL Y AVAIT
BIEN
LONGTEMPS
...

C'EST
LA VOIX DE
RYÛZAKI...

...

EH,
MATSUI !
C'EST MOI,
ASAHI ! ÇA FAIT
UNE PAYE,
VIEUX !

AH...
OUI.

TU PEUX
RÉPONDRE...
MAIS NE DIS PAS
QUE TU ES ICI
ET ÉLOIGNE UN
PEU L'APPAREIL
DE TON OREILLE
AFIN QUE
L'ON PUISSE
ENTENDRE.

OUI,
TOUT SEUL
CHEZ MOI.

TOUT
SEUL ?

OUI.

AH...
TU N'ES PAS
DEHORS, ON
DIRAIT. TU ES
CHEZ TOI ?

N'EST PAS AVEC AMANE. IL EST TOUT SEUL CHEZ YOTSUBA.

HEIN ? MAINTENANT ? EUH... AUJOURD'HUI, PAS TROP, NON...

ÇA NE TE DIRAIT PAS D'ALLER BOIRE UN VERRE ?

MATSUDA EST EN MAUVAISE POSTURE.

OUI... VOILÀ, TU AS TOUT COMPRIS !

LA CRISE...

C'EST LA CRISE ?

QUOI ? ENCORE DES PROBLÈMES DE FRIC ?

BON, REPRENONS OÙ NOUS EN ÉTIONS. QUE PENSEZ-VOUS DE MISA AMANE ? ELLE SERAIT UN PLUS POUR VOUS !

EH BEN... TU NE LÂCHES PAS L'AFFAIRE, TOI... MAIS BON...

...

BON, BEN, TANT PIS ! ON SE FERA ÇA UNE AUTRE FOIS ! CIAO !

LIGHT, APPELLE MISA SUR SON PORTABLE PERSONNEL.

OUI.

C'EST LE RÉPONDEUR. LE TOURNAGE NE DOIT PAS ÊTRE ENCORE FINI.

LAISSEZ UN MESSAGE APRÈS LE BIP SONORE...

OUI. C'EST BIEN CE QUI ME SEMBLE.

QUE FAIT-ON, RYÛZAKI ?

MATSUDA EST SEUL CHEZ YOTSUBA, ET D'APRÈS LE COUP DE FIL DE TOUT À L'HEURE, IL N'EST PAS SEUL ET PAS EN BONNE POSTURE.

MISA, C'EST MOI. RAPPELLE-MOI DÈS QUE TU EN AURAS L'OCCASION. MON TÉLÉPHONE RESTE BRANCHÉ.

POUR L'INSTANT, MIEUX VAUT ATTENDRE UN PEU ET OBSERVER CE QUI SE PASSE SI L'ON NE VEUT PAS RISQUER D'ÊTRE DÉCOUVERTS.

OUI... ON N'A PAS LE CHOIX...

SI JAMAIS MATSUDA MEURT, LES SOUPÇONS SUR YOTSUBA SE CONFIRMERONT FORTEMENT MAIS...

IL PEUT ÊTRE MANAGER OU TOUT CE QU'IL VEUT, ON VIENT DE DÉCIDER DE LE TUER... ON CONNAÎT SON NOM ET SON VISAGE... IL NE RESTE PLUS QU'À DÉCIDER DE LA MANIÈRE...

CETTE BOÎTE EST CONNUE POUR CE TYPE D'APPROCHE FORCÉE.

IL SEMBLE QU'IL SOIT VRAIMENT CELUI QU'IL PRÉTEND ÊTRE : TARÔ MATSUI, MANAGER DE MISA AMANE CHEZ YOSHIDA PRODUCTIONS.

JE DOIS GAGNER DU TEMPS...

AH, EH BIEN... EN FAIT, ELLE TERMINE UN TOURNAGE DANS PEU DE TEMPS, JE POURRAI ALORS LUI DEMANDER DE VENIR ICI. CE SERAIT VRAIMENT UNE TRÈS BONNE CHOSE POUR VOTRE GROUPE DE L'AVOIR SUR VOS PUBLICITÉS, VOUS SAVEZ...

DITES-MOI, MONSIEUR MATSUI, SI VOUS VOULIEZ VRAIMENT NOUS VENDRE VOTRE "PRODUIT", POURQUOI N'EST-IL PAS LÀ ?

DITES, MISAMISA EST VRAIMENT UNE VEDETTE MONTANTE. ÇA VAUT PEUT-ÊTRE LE COUP D'ÉTUDIER LA QUESTION, NON ?

LE CAHIER EST À LA MAISON... IL FAUT QUE JE RENTRE SI JE VEUX L'ÉLIMINER... MAIS SI JE SUIS LE SEUL À PARTIR, LES 7 AUTRES COMPRENDRONT... ZUT...

EH, OH... QU'EST-CE QUI SE PASSE ? ÇA NE VA PAS ?

OUI, MAIS ON NE PEUT PAS LE LAISSER SEUL NI LE TUER LÀ, COMME ÇA...

C'EST DANS DES CAS PAREILS QU'IL SERAIT BON DE SAVOIR QUI EST EN CONTACT AVEC KIRA... IMPOSSIBLE DE PLANIFIER SON MEURTRE...

HÉ ! HÉ ! FINA-LEMENT, QUAND JE TERMINE TARD, IL S'INQUIÈTE...

OH ! UN MESSAGE DE LIGHT !

AH... JE SUIS CREVÉE...

OUI, MISA. OÙ EST MATSUDA ?

IL SAIT POURTANT QUE JE NE PEUX PAS RENTRER LÀ-BAS SANS LUI.

IL DEVAIT ÊTRE 15H QUAND IL EST PARTI EN ME LAISSANT TOUTE SEULE ICI...

HEIN ? EUH... LUI, PFF !!

C'EST MISA.

!

MATSUDA EST EN TRAIN D'APPELER MISA SUR SON AUTRE TÉLÉPHONE.

!

AH ! QUAND ON PARLE DU LOUP... C'EST MATSU QUI M'APPELLE SUR MON PORTABLE DU BOULOT.

ATTENDS UNE SECONDE...

HATORI, DU BUREAU DES STRATÉGIES COMMERCIALES.

VIENS ME REJOINDRE À LA SOCIÉTÉ YOTSUBA. EN TAXI, TU EN AS POUR DEUX MINUTES... EN ARRIVANT, DEMANDE...

MISAMISA ? LE TOURNAGE EST TERMINÉ, N'EST-CE PAS ?

... MONSIEUR HATORI, DU BUREAU DES STRATÉGIES COMMERCIALES, AU GARDIEN À L'ENTRÉE, IL TE LAISSERA PASSER.

GÉNIAL, MATSU ! JE ME DEMANDAIS OÙ TU ÉTAIS PASSÉ, ET EN FAIT, TU TRAVAILLAIS ! BRAVO !

YOTSUBA, C'EST UNE SUPERGROSSE BOÎTE !!

J'ARRIVE TOUT DE SUITE !!

HEIN ? SÉRIEUX ?!

TU VAS PEUT-ÊTRE FAIRE DES PUBLICITÉS POUR YOTSUBA !

TU SAIS, MÊME SI JE DEVIENS TRÈS CÉLÈBRE, JE NE T...

HEIN ?! MAIS QU'EST-CE QUE TU RACONTES ?

TU AS ENTENDU, LIGHT ? JE VAIS PEUT-ÊTRE FAIRE DE LA PUBLICITÉ POUR YOTSUBA !!

CE N'EST PAS ÇA, MISA...

MISA... CALME-TOI... TU NE DOIS PAS Y ALLER.

MISA FERA TOUT CE QUE TU LUI DIRAS.

OUI.

MISA, NE COUPE PAS, ATTENDS UNE SECONDE.

!?

LIGHT... LAISSE-LA Y ALLER. ON POURRA PEUT-ÊTRE SAUVER MATSUDA.

OUI ?

MISA ? ÉCOUTE-MOI BIEN...

ALORS ? QU'EN PENSES-TU ?

...

JE VOIS... ON N'A PAS LE CHOIX...

OUI ! MERCI DE ME DIRE QUE JE SUIS MIGNONNE, LIGHT ! SI C'EST TOI QUI ME LE DEMANDES, JE VEUX BIEN LE FAIRE !

TU AS BIEN COMPRIS ? ON SE CHARGE DE PRÉVENIR LA SOCIÉTÉ DE PRODUCTION ET ON S'OCCUPE AUSSI DE LA SÉCURITÉ ET DES AUTRES PRÉPARATIFS. SI TU ARRIVES À ÊTRE AUSSI MIGNONNE QUE D'HABITUDE, ÇA MARCHERA.

HUM...

OUI...

WAOUH... HUIT PERSONNES POUR UN ENTRETIEN... YOTSUBA EST BIEN UNE GRANDE SOCIÉTÉ...

JE VOUS AI FAIT ATTENDRE : VOICI MISA AMANE.

JE NE POSE PAS NUE MAIS JE SUIS PRÊTE À ALLER JUSQU'AU MAILLOT DE BAIN ET JUSQU'AUX SOUS-VÊTEMENTS !! J'ESPÈRE POUVOIR TRAVAILLER POUR LA SOCIÉTÉ YOTSUBA !!

BONJOUR, JE SUIS MISAMISA.

MATSU ! VU NOTRE EMPLOYEUR POTENTIEL, L'AGENCE A DONNÉ SON ACCORD POUR UNE SORTIE SPÉCIALE.

UNE SORTIE SPÉCIALE ?

CE N'EST PAS VRAIMENT CE QUI NOUS PRÉOCCUPE POUR LE MOMENT, N'EST-CE PAS ?

AH... EUH... ELLE EST VRAIMENT MIGNONNE, EN RÉALITÉ...

...

MESSIEURS ! VOUS ÊTES TOUS INVITÉS DANS MON GRAND APPARTEMENT OÙ NOUS ATTENDENT D'AUTRES FILLES DE L'AGENCE !

DES MANNE-QUINS DE L'AGEN-CE ?

RYÛZAKI EN RENFORT...? JE VAIS PEUT-ÊTRE M'EN SORTIR...

MAIS OUI ! SI ON EST CHEZ MISA, RYÛZAKI POURRA NOUS VOIR...

AH... OUI...

BAH... APRÈS TOUT, ACCOM-PAGNONS MONSIEUR MATSUI...

EH...

KA TA TAP

AH... MOI AUSSI...

MOI, J'Y VAIS !

C'EST DÉCIDÉ : TOUT LE MONDE Y VA !

... ALORS, ILS DOIVENT FORCÉMENT VOULOIR TE TUER.

TU ES SÛR ? SI C'EST LE CAS, C'EST INCROYABLE MAIS...

LES HUIT HOMMES QUI SONT LÀ PARTICIPAIENT À UNE RÉUNION DURANT LAQUELLE ILS PARLAIENT DE TUER DES GENS EN UTILISANT KIRA. JE LES AI CLAIREMENT ENTENDUS.

AUCUN DOUTE, CE SONT EUX.

PAR CHANCE, TU ES ENCORE EN VIE. ON PEUT DONC PEUT-ÊTRE TE SAUVER... POUR CELA...

OUI ? TU CROIS ÇA AUSSI ? IL N'Y A PAS UN MOYEN DE ME SAUVER ?

EUH... OUI, JE VOIS...

...

... IL FAUT QUE TU MEURES AVANT QU'ILS TE TUENT.

ÉCOUTE-MOI BIEN... DU CÔTÉ OUEST, LÀ OÙ IL N'Y A PAS DE PASSAGE...

OUI... OUI... JE VAIS ESSAYER.

ガラガラ GARAGARA

ON VA FAIRE ENTRER UN PEU D'AIR FRAIS...

AH... J'AI BIEN BU...

JE ME SENS BIEN...

Hips!

VOICI LE GRAND SHOW DE TARŌ MATSUI !

MESDAMES ET MESSIEURS, REGARDEZ BIEN !

AH ! TU EN SAIS DES TRUCS, TOI ? HA ! HA !

OUAIS ! VAS-Y, MATSU !!

HEIN ?!

HOP...

OUPS...

EH ! ATTENTION, TU AS BU, C'EST DANGEREUX !

1, 2...

ARRÊTE, IMBÉCILE ! C'EST DANGEREUX !!!

NE VOUS EN FAITES PAS...

HÉ ! HÉ ! J'AI L'HABI-TUDE...

HIPS !

ATTENTION...!!

AH...

PFF ! QUEL RÔLE POURRI...

J'AI ENTENDU UN GRAND BRUIT, ET VOILÀ CE QUE JE TROUVE... VITE, APPELONS LA POLICE !

OH ! NON !

!!

BON, BEN NOUS...

ざわ BROUHAHA

ざわ BROUHAHA

EUH... MAIS...

NE VOUS EN FAITES PAS. JE COMPTE SUR VOUS POUR LA PUBLICITÉ, N'EST-CE PAS ?

バタバタ TAP TAP

MESSIEURS, IL VAUT MIEUX QUE VOUS NE RESTIEZ PAS LÀ. NOUS NOUS CHARGERONS DU RESTE...

ÇA FAIT CINQ MINUTES. ALLONS-Y !

HIMEDIC

QUE SE PASSE-T-IL ? QUELQU'UN EST TOMBÉ ?

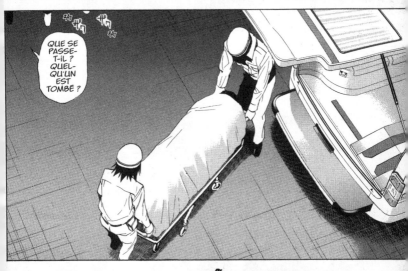

FAT FAT FAT

BLA BLA

CRÉTIN DE MATSUDA !

PFF... JE VEUX BIEN QU'ON MANQUE DE PERSONNEL, MAIS DE LÀ À CE QUE JE SOIS OBLIGÉ DE FAIRE ÇA, MOI...

PIN PON PON

HIMEDIC

BON, FINALEMENT, IL EST MORT SANS QU'ON AIT EU BESOIN DE LE TUER.

EN TOUT CAS, IL EST MORT SOUS NOS YEUX. C'EST TRÈS BIEN.

IDIOT... ON AVAIT DÉJÀ COMMANDÉ UNE MORT PAR ACCIDENT À KIRA. ET VOILÀ LE TRAVAIL !

LE LENDE-MAIN.

LE MANAGER DE MISA AMANE, TARÔ MATSUI, IVRE, FAIT UNE CHUTE MORTELLE.

POUR RÉUSSIR CE PLAT EN UN TOUR DE RECETTE FACILE

C'EST EN TOUT PETIT...

NON, C'EST MOI QUI REPRENDS CE BOULOT, MAIS À MA MANIÈRE.

MATSUDA, VOUS N'EXISTEZ PLUS DANS NOTRE MONDE... AIBER, VEUX-TU TENTER UNE APPROCHE DE YOTSUBA EN TANT QUE NOUVEAU MANAGER DE MISA ?

BON, MOGI, VOUS SEREZ DONC LE NOUVEAU MANAGER DE MISA...

AH ! OUI, SÛRE-MENT !

EN TOUT CAS, IL NE FAIT AUCUN DOUTE QUE LES 8 TYPES DE YOTSUBA VONT CHERCHER LA CONFIRMATION DE VOTRE MORT DANS LES JOURNAUX, ET LÀ, CE SERA BON, ON POURRA DIRE QUE VOUS ÊTES SALIVÉ.

IL VA FALLOIR S'APPROCHER D'EUX ENCORE PLUS PRUDEM-MENT.

EN TOUT CAS, À CAUSE DE MATSUDA...

... OU PLUTÔT, DISONS, FINALEMENT, GRÂCE À MATSUDA, NOUS SAVONS QU'IL Y A AU MOINS UNE PERSONNE LIÉE À KIRA PARMI EUX.

TAKESHI OOI

MASAHIKO KIDA

SUGURU SHIMURA

EICHI TAKAHASHI

REIJI NAMIKAWA

ARAYOSHI HATORI

KYÛSUKE HIGUCHI

SHINGÔ MIDÔ

DEATH NOTE
How to use it
XXX

○ If you have traded the eye power of a god of death, you will see a person's primary life span in the human world.

Lorsque l'échange de l'œil du dieu de la Mort est effectué,
le bénéficiaire voit la durée de vie originelle des personnes aux alentours.

○ The names you see with the eye power of a god of death are the names needed to kill that person. You will be able to see the names even if that person isn't registered in the family registration.

Les noms que l'on peut voir grâce à l'œil du dieu
de la Mort sont ceux nécessaires pour tuer ces personnes.
Un nom sera visible même s'il ne figure pas sur les registres
de l'état civil.

TAKESHI OOI

MASAHIKO KIDA

SUGURU SHIMURA

EIICHI TAKAHASHI

REIJI NAMIK AWA

ARAYOSHI HATORI

KYÛSUKE HIGUCHI

SHINGÔ MIDÔ

SI CE QU'A DIT MATSUDA EST VRAI, CELA VEUT DIRE QUE L'UNE DE CES 8 PERSONNES EST KIRA OU EST LIÉE À KIRA.

MAIS OUI, C'EST VRAI ! J'AI CLAIREMENT ENTENDU "FAIRE TUER PAR KIRA" !

Page 43. NOIR

AH... OUI... C'EST VRAI... JE L'AI ÉCHAPPÉ BELLE...

MAIS SI ÇA AVAIT ÉTÉ LE CAS, MÊME AVEC NOTRE PETITE MISE EN SCÈNE POUR FAIRE CROIRE À LA MORT DE MATSUDA, JE NE PENSE PAS QU'IL SERAIT ENCORE EN VIE MAINTENANT.

RYÛZAKI, EN SUPPOSANT QU'ILS AIENT TOUS LES 8 LE POUVOIR DE KIRA, NE PEUVENT-ILS PAS TUER, COMME LE DEUXIÈME KIRA, UNIQUEMENT EN CONNAISSANT LE VISAGE DE LA PERSONNE ?

OUI, EN EFFET.

SUGURU SHIMURA

36 ans – Célibataire
Chef du département des ressources humaines
Diplômé de l'université de Kyôdo, faculté de droit
Au lycée, a été retenu en sélection nationale
de rugby. Vit seul avec sa mère

EIICHI TAKAHASHI

40 ans – Marié, des enfants
P.D.G. de Yotsuba Home, directeur
de la division du matériel de planification
Diplômé de l'université de Keiyô,
faculté des sciences économiques

KYÛSUKE HIGUCHI

32 ans – Célibataire
Directeur du centre de développement
des nouvelles techniques
Diplômé de l'université de Sôwaki, faculté des
sciences politiques. 5e dan de kendo. Fils de
Jirô Higuchi, P.D.G. de Yotsuba industrie lourde

SHINGÔ MIDÔ

32 ans – Célibataire
P.D.G. de Yotsuba Finance, directeur
de la division de stratégie marketing
Diplômé de l'université de Tôô, faculté de droit
Centre d'intérêt : l'escrime
Fils du député au parlement Eigo Midô

TAKESHI OOI

43 ans – Célibataire
Directeur du département nouvelles
technologies. Diplômé de l'université de Sôwaki,
faculté de droit. Passionné par les armes
Son père travaille au département de la défense

MASAHIKO KIDA

32 ans – Marié
Directeur du département de planification
des droits. Diplômé de l'université de Tôo,
faculté des sciences
Centre d'intérêt : la collection de lunettes
Ses deux parents sont professeurs de dissection

REIJI NAMIKAWA

30 ans – Célibataire
Directeur de la première division commerciale
Diplômé de l'université de Harvard,
faculté des sciences économiques
Grand joueur de Shôgi, niveau d'un pro de 4e dan
Son père est le P.D.G. de Yotsuba America
Il a passé 6 ans aux États-Unis

ARAYOSHI HATORI

33 ans – Marié, des enfants
Directeur du département publicitaire
Diplômé de l'université de Futatsubashi,
faculté des lettres. Centre d'intérêt : la poterie
Fils illégitime de Dainosuke Yotsuba,
actuel P.D.G. du groupe Yotsuba

Page 43. NOIR

EN TOUT CAS, S'ILS FONT LEURS RÉUNIONS À 8, C'EST QU'ILS NE PEUVENT RIEN FAIRE SEULS, QUE CE SONT DES IMBÉCILES ET DES LÂCHES.

IL EST PROBABLE QU'ILS SE SERVENT DE YOTSUBA COMME COUVERTURE POUR NE PAS ÊTRE SOUPÇONNÉS INDIVIDUEL-LEMENT.

ILS NE POURRAIENT DONC PAS UTILISER LIBREMENT LE POUVOIR DE KIRA DANS LEUR PROPRE INTÉRÊT ?

POURTANT JE PENSAIS ARRIVER À RESSERRER LES RECHERCHES AUTOUR DE CELUI QUI EST KIRA, OU DE CELUI QUI A UN LIEN AVEC LUI, EN CHERCHANT COMMENT LE DÉVELOPPEMENT DU GROUPE YOTSUBA POUVAIT SERVIR LES INTÉRÊTS PERSONNELS DE L'UN D'ENTRE EUX...

JE N'AI TROUVÉ AUCUNE MORT AYANT UN LIEN AVEC EUX QUI AURAIT PU AVOIR UNE RETOMBÉE POSITIVE À TITRE PERSONNEL.

PEUT-ÊTRE... MAIS ÇA NE CONSTITUE PAS UNE PREUVE.

MOI, JE L'AI ENTENDU, TRÈS CLAIRE-MENT.

POUR COMMEN-CER, JE VOUDRAIS QU'ON AIT UNE CONFIR-MATION DE CETTE DONNÉE.

ILS TIENNENT LEUR RÉUNION TOUS LES VENDREDIS SOIR, ET LES MORTS SURVIENNENT AVANT LE SAMEDI APRÈS-MIDI.

... ON AURA PEUT-ÊTRE QUELQUE CHOSE D'INTÉRESSANT VENDREDI PROCHAIN.

SLAP

S'ILS Y ARRIVENT...

ACTUELLEMENT, AIBER TENTE D'APPROCHER L'UN D'EUX, ET WEDY ESSAYE DE FORCER LE SYSTÈME DE SÉCURITÉ DE L'IMMEUBLE DE TOKYO OÙ SE TIENNENT LES RÉUNIONS.

BIP
BIP
BIP

YOTSUB

MONSIEUR MASAHIKO KIDA, DIRECTEUR DU DÉPARTEMENT DE PLANIFICATION DES DROITS ?

OUI...?

NUMÉRO INCONNU

Adresses   Menu

UN APPEL MAS-QUÉ ?

TIENS ?

ERALD COYLE ?! C'EST LE DÉTECTIVE AUQUEL NOUS AVONS DEMANDÉ DE RETROUVER L... POURQUOI M'APPELLE-T-IL DIRECTEMENT...?!

JE SUIS ERALD COYLE.

OUI, C'EST BIEN CELA MAIS...

ALLÔ ?

VOUS M'AVEZ SOLLICITÉ POUR UN TRAVAIL, N'EST-CE PAS ?

AH, JE SUIS DÉSOLÉ DE VOUS APPELER SANS PRÉVENIR.

...

ATTENDS... À PART COYLE LUI-MÊME, LES SEULS À SAVOIR QUE NOUS CHERCHONS LE SONT MES PARTENAIRES...

...

OUI, C'EST VRAI, MAIS NOUS AVIONS FAIT EN SORTE DE RESTER ANONYMES... DOIS-JE LUI RÉPONDRE ? ET PUIS, EST-CE VRAIMENT COYLE...?

...

C'EST ASSEZ LOGIQUE, IL FAUT BIEN LE RECONNAÎTRE... MAIS QUEL COMPORTEMENT ADOPTER ?

...

MAIS J'AI POUR HABITUDE DE N'ACCEPTER UN TRAVAIL QU'APRÈS AVOIR NÉGOCIÉ LES TERMES DU CONTRAT DIRECTEMENT AVEC LE DEMANDEUR.

8... 8 MILLIONS ?! C'EST DE LA FOLIE !!!!

JE VOUS DONNE MES CONDITIONS. LES SOMMES PROPOSÉES NE ME CONVENANT PAS, JE VOUS PROPOSE 2 MILLIONS DE DOLLARS D'AVANCE ET 8 MILLIONS ENSUITE EN CAS DE SUCCÈS.

TRÈS BIEN, JE COMPRENDS... JE VAIS ATTENDRE UN JOUR. SI C'EST BIEN VOUS QUI VOUS OCCUPEZ DE MON CONTRAT EN TANT QUE DEMANDEUR, APPELEZ-MOI DEMAIN À LA MÊME HEURE AU NUMÉRO SUIVANT...

BIP

J'ESPÈRE AVOIR DE VOTRE PART UNE RÉPONSE POSITIVE. AU REVOIR.

QUOI ?! MAIS POUR QUI SE PREND-IL ?!

PAR AILLEURS, QUE VOUS ACCEPTIEZ OU NON MES CONDITIONS, JE VOUS RÉCLAMERAI 2 MILLIONS DE DOLLARS POUR GARDER LE SILENCE SUR VOTRE DEMANDE.

BIP BIP

BIP

IL NOUS RÉCLAME 2 MILLIONS D'AVANCE ET 8 MILLIONS ENSUITE...

NON, IL N'EN A PAS PARLÉ...

QUOI ? UN APPEL DE COYLE ? IL A DÉCOUVERT QUI EST L ?

BON... ON NE DEVRAIT PAS PARLER DE ÇA AU TÉLÉPHONE...

QUOI QU'IL EN SOIT, IL FAUT LUI DONNER UNE RÉPONSE DEMAIN. NOUS DEVONS DÉCIDER DE CELA TOUS ENSEMBLE...

C'EST POURTANT BIEN CE QU'IL A DIT...

8 MILLIONS ?! 10 MILLIONS EN TOUT ?! IL EST FOU...

ENTENDU !!!

ON DEVRAIT POUVOIR TOUS SE RÉUNIR CE SOIR APRÈS 21H. JE PRÉVIENS NAMIKAWA, TAKAHASHI ET HATORI. OCCUPE-TOI DES TROIS AUTRES !

BIEN.
COMMENÇONS
NOTRE RÉUNION
EXTRAORDINAIRE.
LE DÉTAIL
DE CELLE-CI
FIGURE
DANS LES
DOCUMENTS
DEVANT
VOUS...

...

VOUS ÊTES
STUPIDES,
OU QUOI ?
COMPRENEZ
QU'ON A
DÉPASSÉ
CE TYPE DE
CONSIDÉ-
RATIONS.

TU TROUVES ?
NE RIEN AVOIR
DIT, CE N'EST
PAS BON...
ÇA PEUT
PARAÎTRE
BIZARRE DE
FAIRE UNE
DEMANDE
ET DE FAIRE
ENSUITE LA
SOURDE
OREILLE...

PERSONNELLEMENT,
JE PENSE QUE
KIDA A ADOPTÉ
UNE ATTITUDE
PRUDENTE...

SINON,
IL N'AURAIT
PAS
MENTIONNÉ
UN PRIX
POUR
GARDER
LE
SILENCE.

HIGUCHI
A RAISON.
COYLE
A DÉJÀ BIEN
AVANCÉ.

ÉCOUTE, C'EST LÉGITIME QU'IL AIT ENVIE DE SAVOIR QUI EST SON CLIENT AVANT D'ACCEPTER UN TRAVAIL.

QU'ENTENDS-TU PAR "BIEN AVANCÉ" ?

UNE FOIS QU'IL A COMPRIS QUE SON CLIENT SE TROUVE ÊTRE KIDA, IL EST NORMAL QU'IL SE RENSEIGNE SUR LUI.

C'EST FACILE POUR LUI. SI CE N'ÉTAIT PAS LE CAS, SA VALEUR EN TANT QUE DÉTECTIVE SERAIT SURFAITE. C'EST AVEC LA RECHERCHE DE PERSONNES QU'IL S'EST BÂTI UNE RÉPUTATION...

... IL SAIT QUE KIDA A UN LIEN AVEC KIRA...

AUTREMENT DIT...

IL A SÛREMENT OBSERVÉ LA CROISSANCE DU GROUPE DE CES DERNIERS MOIS... IL A DÛ COMPRENDRE CE QU'ELLE CACHAIT...

LE DEMANDEUR EST UN EMPLOYÉ DE YOTSUBA... MAIS COYLE NE S'EST PAS ARRÊTÉ LÀ.

186

OUI... ET C'EST POUR ÇA QU'IL A DONNÉ UN PRIX POUR SON SILENCE.

SI JAMAIS IL PARLE DE ÇA À QUELQU'UN...

ET ÇA, C'EST TRÈS MAUVAIS POUR NOUS...

HATORI, TU SERAS MORT DEMAIN...

JE... JE NE SAIS PAS QUI EST KIRA MAIS MOI, JE VEUX ME RETIRER DE CETTE RÉUNION. JE N'AI PAS ENVIE DE ME FAIRE ARRÊTER EN TANT QUE COMPLICE DE MEURTRES.

AH...

EH, ATTENDS ! ATTENDS, JE PLAISANTAIS ! BIEN SÛR QUE JE SUIS TOUJOURS LÀ !

BON, BON, EN TOUT CAS, INTERDICTION DE TUER HATORI. SI L'UN DE NOUS MEURT, CE SERA TRÈS EMBÊTANT.

VA SAVOIR... SI ÇA SE TROUVE, C'EST UNE RUSE POUR QUE JUSTEMENT TU PENSES ÇA.

BON, UN DE MOINS : HATORI N'EST PAS KIRA...

BON, QUE FAIT-ON ? DANS LA MESURE OÙ IL A DÉCOUVERT QUE NOUS ÉTIONS LIÉS À KIRA, DEVONS-NOUS PAYER LA SOMME DEMANDÉE ?

OUI, TU AS RAISON... PARDON.

ALORS RENONCE À L'IDÉE DE PARTIR...

HATORI, ON N'EN EST PAS À NOTRE PREMIÈRE RÉUNION, ALORS LE FAIT QUE TU QUITTES LE GROUPE NE CHANGERAIT RIEN À TA POSITION.

IL SUFFIRA DE POSER COMME CONDITION QU'IL VIENNE NOUS VOIR. ON PRENDRA UNE PHOTO, ET VOILÀ.

COMMENT LE TUERONS-NOUS SI ON NE SAIT PAS À QUOI IL RESSEMBLE ?

...

TANT QU'À PAYER, AUTANT PAYER POUR CONNAÎTRE L'IDENTITÉ DE L... ET TUER COYLE ENSUITE.

...

PARCE QUE TU CROIS QUE DEMANDER UN PRIX POUR LE SILENCE, ÇA SE FAIT VIA UN INTERMÉDIAIRE ? NON, C'EST TROP DANGEREUX.

QUI NOUS DIT QUE C'ÉTAIT VRAIMENT LUI ?

L'UN DE NOUS A ENTENDU SA VOIX AU TÉLÉPHONE, NON ?

COMMENT ÊTRE SÛRS QUE C'EST LE VRAI ?

HIGUCHI, POURQUOI CETTE TENDANCE À TOUJOURS VOULOIR TUER ? IL N'Y A AUCUNE NÉCESSITÉ DE TUER COYLE.

COMME JE LE PENSAIS, IL EST EXTRÊMEMENT INTELLIGENT.

ET CE N'EST PAS TOUT...

EN EFFET...

MÊME SI LE FAIT QU'IL DÉCOUVRE QUI EST SON CLIENT N'A RIEN DE SURPRENANT, LA MANIÈRE DONT IL A FORMULÉ SA DEMANDE MONTRE CLAIREMENT QU'IL S'ADRESSE AU GROUPE ET NON À KIDA EN PARTICULIER.

CE QUE KIRA VEUT, C'EST LA CONNAISSANCE.

TOUT D'ABORD, N'ALLEZ PAS IMAGINER QUE JE SUIS KIRA PARCE QUE J'AI FAIT DES HYPOTHÈSES SUR SON MODE DE PENSÉE. ENFIN, C'EST COMME VOUS VOULEZ, CELA NE ME GÊNE PAS...

OUI. EXPLIQUE-NOUS ÇA, NAMIKAWA.

C'EST-À-DIRE ?

IL A COMPRIS ÉGALEMENT COMMENT FONCTIONNAIT KIRA.

SON DÉSIR S'EST CONCRÉTISÉ PETIT À PETIT, ET LE MONDE A COMMENCÉ À CHANGER.

KIRA A D'ABORD PENSÉ À DÉBARRASSER LE MONDE DU MAL...

MERCI, JUSQUE-LÀ, ON AVAIT TOUS COMPRIS.

C'EST POUR CETTE RAISON QU'IL N'AGIT PAS SEUL MAIS ENTOURÉ DE 7 PERSONNES.

MAIS IL NE SOUHAITE PAS SIMPLEMENT MANIPULER LES GENS ET LES TUER POUR AVOIR LEUR ARGENT. NON, LUI, CE QU'IL VEUT...

EN TANT QU'HOMME, QUE PEUT-IL VOULOIR MAINTENANT ? L'ARGENT. ENFIN, EN GÉNÉRAL, C'EST D'ABORD PAR LÀ QU'ON COMMENCE, MAIS BON...

KIRA NE VEUT PAS ÊTRE UN NOUVEAU RICHE, ET SA POSITION LUI PERMET D'OBTENIR L'ARGENT ET LE STATUT.

GAGNER À LA LOTERIE NATIONALE PLUSIEURS FOIS OU FAIRE FORTUNE À LA BOURSE, PAR EXEMPLE, CELA N'OFFRE QUE L'ARGENT, PAS LE STATUT. ON EST CONSIDÉRÉ COMME UN NOUVEAU RICHE, RIEN DE PLUS.

... C'EST DE L'ARGENT ASSOCIÉ À UNE POSITION SOCIALE.

UNE POSITION SOCIALE... JE VOIS. C'EST RIDICULE...

ET SI NOUS NOUS RÉUNISSONS ICI ET SI NOUS PARTAGEONS NOS CONNAISSANCES, C'EST POUR PRÉPARER CETTE POSITION... OUI, C'EST ÇA.

ET IL NE FAIT AUCUN DOUTE QUE LES 8 PERSONNES ICI PRÉSENTES OCCUPERONT BIENTÔT LES POSTES LES PLUS ÉLEVÉS. ET NOUS SAVONS TOUS COMBIEN CES PLACES SONT CONFORTABLES.

SI NOS RÉUNIONS SE PASSENT BIEN, LE GROUPE YOTSUBA DEVIENDRA À L'AVENIR UNE DES SOCIÉTÉS QUI ENGRANGERONT LE PLUS DE PROFITS DANS LE MONDE.

ET CELA SIGNIFIE QU'IL EST VENU PROPOSER SES SERVICES À KIRA.

COYLE NOUS A FAIT COMPRENDRE QU'IL SAVAIT ÇA.

ON AURAIT PU CROIRE AUSSI QUE COYLE, EN TANT QUE DÉTECTIVE, DÉSIRAIT AVANT TOUT RETROUVER L MAIS...

... COMME ON L'AVAIT SUPPOSÉ, C'EST BIEN UN HOMME QUI AGIT POUR L'ARGENT.

C'EST TRÈS CLAIR : SI COYLE ÉTAIT UN DÉTECTIVE PÉTRI DE JUSTICE ET INCORRUPTIBLE, NOUS NE SERIONS DÉJÀ PLUS LÀ MAIS...

AUTREMENT DIT, ON PEUT PENSER QUE COYLE AGIT EN SACHANT QU'IL VA ÊTRE COMPLICE DE NOS CRIMES... SI NOUS ACCEPTONS LE CONTRAT, CELA REVIENDRA À SE CONFIER RESPECTIVEMENT UN SECRET ET DONC CELA DEVIENT UN POINT FAIBLE.

... IL NOUS A FAIT SAVOIR QU'IL ÉTAIT PRÊT À ACCEPTER NOTRE REQUÊTE TOUT EN CONNAISSANT NOS INTENTIONS...

DITES, VOUS NE TROUVEZ PAS QUE VOUS RÉFLÉCHISSEZ UN PEU TROP POSITIVEMENT ?

C'EST DONC ÇA...

IL SUFFIRAIT DE LUI DONNER DE L'ARGENT POUR QU'ON S'ASSOCIE.

QUEL QUE SOIT LE MONTANT...

OUI... ACCEP- TONS...

C'EST LE GENRE DE PERSONNE QU'IL FAUT ABSOLUMENT AVOIR DANS SON CAMP. UN JOUR, IL NOUS SERA UTILE.

NON. JE PENSE, MOI AUSSI, QUE COYLE EST TRÈS INTEL- LIGENT.

? OUI...

IL NOUS DEMANDE 2 MILLIONS DE DOLLARS D'AVANCE, N'EST-CE PAS ?

ACCEPTONS SON MARCHÉ. MIEUX VAUT NE PAS LE FAIRE ATTENDRE.

LA SOMME QU'IL NOUS DEMANDE REPRÉSENTE QUELQUE 6 MILLIARDS DE YENS. ELLE PEUT ENCORE AUGMENTER, MAIS ELLE NE DIMINUERA CERTAINEMENT PAS.

MONTRONS-LUI QUE NOUS AVONS DE L'ESTIME POUR LUI.

MONTRONS-LUI QUE NOUS NE SOMMES PAS DES PETITS JOUEURS.

! DONNONS-LUI-EN 5...

DONNONS-LUI 5 MILLIONS D'AVANCE ET AUTANT APRÈS. ON EST D'ACCORD ?

...

OUI. ET COYLE SERA BIENTÔT ASSIS ICI !

ET POUR NOUS, SAVOIR QU'ON LE TIENT PAR L'ARGENT, C'EST UNE GARANTIE. IL NE FAUT RIEN LAISSER AU HASARD.

OUI. C'EST LE MINIMUM À FAIRE. C'EST UN HOMME QUI AIME L'ARGENT. CONSTATER QUE NOUS NE LÉSINONS PAS SUR LES MOYENS LE RASSURERA.

JE COMPRENDS BIEN CE QUE DISENT MIDÔ ET NAMIKAWA MAIS...

OUI, QU'Y A-T-IL ?

OOI...

IL APPARTIENT PEUT-ÊTRE AUSSI À UN ORGANISME ÉTRANGER...

ON TIENT PEUT-ÊTRE LA POLICE JAPONAISE, MAIS KIRA N'A PAS TUÉ QUE DES CRIMINELS JAPONAIS... ET COYLE N'EST PAS JAPONAIS.

!....

... TOUT LE MONDE N'EST-IL PAS EN TRAIN D'OUBLIER QUE COYLE POURRAIT ÊTRE UN FLIC OU UN ESPION DE L ?

SHIMURA, POURQUOI FAUT-IL QUE TU PENSES DE MANIÈRE SI PESSIMISTE...?

DE PLUS, RIEN NE NOUS DIT QU'IL N'EST PAS DÉJÀ ALLÉ NOUS VENDRE À LA POLICE OU À L.

OUI, JE SAIS MAIS...

ALLEZ, NE T'EN FAIS PAS !

TOUTES LES MAUVAISES POSSIBILITÉS, OUI. POUR CE GENRE DE CHOSES, PRENDS TON COURAGE À DEUX MAINS ET PARLES-EN EN RÉUNION.

J'ESSAIE SIMPLEMENT D'ENVISAGER TOUTES LES POSSIBILITÉS...

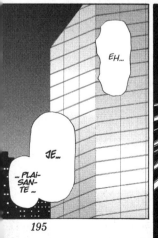

EH...

JE...

...PLAI-SAN-TE...

UN JOUR, ON ENVERRA UN MISSILE SUR LE REPAIRE DE COYLE OU DE L, ET ON N'EN PARLERA PLUS.

NE SOUS-ESTIME PAS LA FORCE DE YOTSUBA !

195

PASSE-LE-MOI !

RYÛZAKI, UN APPEL D'AIBER.

AIBER...

ENSUITE, ILS COMMENCERONT SÛREMENT À ME POSER DES QUESTIONS ET ILS DEMANDERONT À ME RENCONTRER.

BIEN. TU AGIS TOUJOURS AUSSI VITE, AIBER.

JE REVIENS AU JAPON DEMAIN.

POUR L'INSTANT, JE NE SUIS PAS ENCORE CERTAIN QU'ILS ME CROIENT, MAIS EN TOUT CAS, J'AI RÉUSSI À ENTRER EN CONTACT AVEC UN DES LEURS EN ME FAISANT PASSER POUR COYLE.

ALORS COMPARÉE À LA TAULE, LA VIE QUE J'AI LÀ, C'EST LE PIED. JE SUIS PRÊT À RISQUER MA VIE. SI JE N'ARRIVE PAS À ARRÊTER LES ESCROQUERIES, C'EST BIEN À CAUSE DE CETTE ADRÉNALINE-LÀ.

JE LE SAIS, MAIS L M'A DÉJÀ SAUVÉ LA MISE DEUX FOIS. D'AILLEURS, SI TU RÉVÉLAIS LES PREUVES QUE TU AS CONTRE MOI POUR ESCROQUERIE, JE FINIRAIS MES JOURS EN TAULE SANS LE MOINDRE DOUTE.

LES RENCONTRER EST TRÈS DANGEREUX. SOIS TRÈS PRUDENT !

OUI, ENTENDU. JE RÉFLÉCHIS À UN BON MOYEN POUR Y ARRIVER.

J'AI DÉJÀ REÇU 5 MILLIONS DE LEUR PART, MAIS TU ES D'ACCORD POUR QUE J'ENVISAGE DE LEUR DONNER UN L INEXISTANT ET POUR QUE JE RÉCUPÈRE L'AUTRE MOITIÉ DE LA SOMME ?

IL S'EST SERVI D'UN DE MES AUTRES NOMS SANS ME LE DEMANDER... MAIS C'ÉTAIT UNE BONNE IDÉE, ALORS JE N'AI RIEN DIT.

IL S'INFILTRE EN SE FAISANT PASSER POUR COYLE... IL EST FORT...

HA ! HA ! VOUS AVEZ ENTENDU ? UN FAUX L POUR RÉCUPÉRER 10 MILLIONS...

C'EST JUSTE UNE PARTIE DE L'INVESTI-GATION.

RYÛZAKI, CETTE FOIS, C'EST WEDY.

O.K., PASSE-LA-MOI !

FIuuuuu

DÉFENSE RÉDUITE À NÉANT ! YOTSUBA A DÉSORMAIS UN SYSTÈME DE SÉCURITÉ ENCORE INFÉRIEUR À CELUI D'UNE ENTREPRISE JAPONAISE BANALE. ILS ONT UN CONTRAT AVEC UNE SOCIÉTÉ DE SÉCURITÉ, ET C'EST TOUT.

POUR CE QUI EST D'INSTALLER DES CAMÉRAS ET DES MICROS DANS LA SALLE DE RÉUNION, DÈS QUE JE CONNAÎTRAI LES HORAIRES DES RONDES DES GARDIENS, CE SERA FAIT. ET CE SERA INDÉTECTABLE....

OUI.

ENSUITE, SI UNE RÉUNION SE TIENT LÀ VENDREDI, COMME TU LE DISAIS, ON RISQUE D'Y OBSERVER QUELQUE CHOSE DE TRÈS INTÉRESSANT.

AH... TOUT A L'AIR DE BIEN AVANCER, RYÛZAKI. C'EST EXCITANT !

O.K.

DEMAIN SOIR, JE TE FERAI PARVENIR LA CAMÉRA-ESPION QUE WATARI PRÉPARE À MA DEMANDE. TU ENTRERAS AVEC WATARI DANS LA SALLE DE RÉUNION ET IL T'AIDERA À INSTALLER LES CAMÉRAS ET LES MICROS. ÇA TE VA ?

VENDREDI 15 OCTOBRE.

JE CROIS QUE TOUT LE MONDE EST LÀ. LA RÉUNION ORDINAIRE PEUT COMMENCER...

L'HEURE DE LA RÉUNION EST BEAUCOUP PLUS TARDIVE QUE CELLE DONT PARLAIT MATSUDA, MAIS LA RÉUNION A BIEN LIEU...

À CAUSE DE CE QUE TU AS FAIT, OUI !

CEPENDANT, ILS NE SONT PAS 8 MAIS 7...

C'EST ENIVRANT... DIRE QU'ON EN EST LÀ GRÂCE À CE QUE J'AI FAIT !

VOL. 5 — PAGE BLANCHE — [FIN]

DEATH NOTE
How to use it
XXXI

⊙ The number of pages of the DEATH NOTE will never run out.

Le nombre de pages d'un death note est infini.

Les adaptations sur grand écran de

"Death Note"

Si le manga a remporté rapidement un franc succès, la reconnaissance de cette série au sein d'un public beaucoup plus large que celui auquel est destiné ce support vient des adaptations en film live.

Death Note 1re partie (2006)

C'est en juin 2006 qu'est sortie sur grand écran la toute première adaptation du manga de "Death Note". Il s'agit d'un film en prise de vues réelles, dont la sortie inaugure la première partie d'un diptyque.

Cette sortie surfe sur le succès de plusieurs vagues à la fois.

Il s'inscrit dans la série de films en plusieurs parties à l'image des grandes productions hollywoodiennes que sont les 2 trilogies "Star Wars" ou "Kill Bill".
Ce qui est d'autant plus original puisqu'il s'agit du premier projet du genre dans l'histoire du cinéma japonais.

Mais il est également sorti dans un climat largement propice aux adaptations de mangas en film live, comme c'est le cas, par exemple, pour "Nana" (2005 et 2006), "Dororo" (2007) et "Gegege no Kitarô" (2007).

La genèse

Il avait été initialement prévu de ne produire qu'un seul film de 2 heures, mais Shûsuke Kaneko, le réalisateur ("Gamera 1, 2 et 3", "Azumi 2"...), s'est ravisé et décida de produire deux films à la fois. Il fut donc demandé au scénariste Tetsuya Ôishi de rectifier son scénario de toute urgence. Ôishi est un habitué de l'adaptation en live de manga ou d'animé puisqu'il a travaillé sur les séries live de "Taiyô Shichau zo" (You're Under Arrest) et des "Enquêtes du Jeune Kindaichi". Mais finalement, le scénario n'a pas cessé d'être remanié par Kaneko, et ce, même pendant le tournage ! Pour le second film, Ôishi décida donc de faire traîner les changements

Le CD contenant la bande-son du premier film.
© Death Note Film Partners
© Tsugumi OHBA – Takeshi OBATA / SHUEISHA Inc.

L'OST du second film.
© Death Note Film Partners
© Tsugumi OHBA – Takeshi OBATA / SHUEISHA Inc.

demandés par Kaneko jusqu'au dernier moment afin que celui-ci ne puisse pas modifier son travail comme ce fut le cas lors de la première partie. On raconte que c'est la raison pour laquelle le deuxième film se termine bien. Ces deux films s'inspirent de l'histoire des volumes 1 à 7 du manga, c'est-à-dire de la première partie de l'histoire. Ce qui équivaut aux épisodes 1 à 19 de la série télévisée.

Les différences avec le manga original

Au niveau de l'histoire, les quelques changements apportés sont dus à des impératifs techniques.

Dans les films, Light est étudiant à l'université, ce qui donne à l'œuvre une plus grande maturité. Mais les changements du scénario par rapport au manga montrent également le héros sous un jour encore plus sombre que dans l'œuvre originale. Il est ici calculateur, manipulateur et, surtout, il ne semble éprouver aucun sentiment à l'égard de ses semblables ou de ses amis.

Tous les rôles étant tenus par des acteurs japonais, Raye Penber est rebaptisé Rei Iwamatsu, ce qui laisse supposer qu'il s'agit, ici, d'un Américain d'origine japonaise.

Certains personnages originaux font également leur apparition. Il y a Shiori Akino, une amie d'enfance de Light, qui fréquente également la même université que lui. L'équipe de la police en charge de l'affaire Kira compte, dans ce film, une femme : Mme Sanami, qui remplace en quelque sorte le personnage de Hideki Ide qui n'y apparaît pas.

> *De plus, par rapport au manga original, les monologues des héros ont été coupés pour donner une meilleure dynamique à l'histoire.*

Les scènes d'université sont tournées sur le campus de l'université de Teikyo à Tokyo, et celles dans le métro ont été prises dans la ville de Fukuoka, au sud du Japon.

L'album dédié à "Death Note 2nd film"
intitulé : The Songs for Death Note
"the Last Name Tribute". Ici la version
collector en édition limitée.
© Death Note Film Partners
© Tsugumi OHBA – Takeshi OBATA / SHUEISHA Inc.

Une diffusion rapide

Pour frapper un grand coup médiatique autour de ces films, les producteurs eurent une idée de génie qui permit de promouvoir à la fois le premier et le second volet. Ils décidèrent de diffuser le premier film à la télévision juste avant la sortie en salle du second. De plus, cette période coïncidait avec les 20 ans de l'émission "Kinyô Roadshow" sur Nippon TV, qui propose aux téléspectateurs des films de cinéma récents. Ainsi, le premier volet de "Death Note" passa à la télévision le 27 octobre 2006. Le succès fut retentissant puisqu'il enregistra un taux d'audience moyen de 24,5%!! Ce chiffre donne la mesure du succès. Cependant la version diffusée était une "director's cut edition" spécialement remontée pour l'occasion. La version originale ne serait disponible que lors de la sortie du DVD. D'autre part, un énorme logo apparaît dans le coin supérieur droit pendant toute la durée du film.

Mais ce mode de diffusion a aussi eu le merveilleux avantage d'empêcher la circulation de copies pirates du film en proposant rapidement une version officielle au public.

Cette œuvre de 126 minutes se termine par un suspens intenable. Les spectateurs réclamaient la suite, et vite !

Death Note 2nde partie : The Last Name (2006)

Prenant la relève du premier film, voici le deuxième volet sorti dans les salles japonaises le 3 novembre 2006.

Le staff

La bande-son de ces deux films a été composée par Kenji Kawai. Ce monstre de la composition musicale a signé un nombre impressionnant de musiques sur des séries d'animés ("Devilman OAV", "Ranma ½", "Ah Megami-sama", "Innocence"...), des séries TV live et des films ("Ring 1 et 2", "Kaidan de 2007"...). Dès lors, sa capacité à créer une atmosphère d'angoisse et de suspens n'est plus à démontrer.

Le même album en version normale.
© Death Note Film Partners
© Tsugumi OHBA ~ Takeshi OBATA / SHUEISHA Inc.

Les chansons des deux films sont interprétées par le fameux groupe californien les "Red Hot Chili Peppers". Le générique (le même dans les deux films) est "Dani California". "Death Note 2nde partie : The Last Name" contient également "Snow (Hey Ho)". Ces deux chansons sont tirées de leur album "Stadium Arcadium" sorti en 2006.

D'autre part, le 1er film contient une chanson de Shikao Suga nommée "Manatsu no Yoru no Yume" (Rêve d'une nuit d'été). Il chante depuis une dizaine d'années et a composé notamment une musique pour le film animé "xxxHolic".

Les acteurs

Light est interprété par Tatsuya Fujiwara que l'on a vu dans des films comme "Battle Royale (I et II)" mais surtout dans nombre de dramas encore inconnus en France. Il lui arrive fréquemment de jouer dans des œuvres tournant autour du thème du mystère.

Ken'ichi Matsuyama joue le rôle de L. Ce jeune homme a déjà une belle carrière d'acteur (le film de "Nana"), de doubleur et de mannequin. Il prête même sa voix à Jealous, le dieu de la Mort amoureux de Misa dans l'épisode 12 de la version animée de "Death Note" !

Erika Toda joue le rôle de Misa Amane. Cette jeune actrice a joué dans beaucoup de séries télévisées et de spots publicitaires, mais sa participation à "Death Note" reste sa prestation la plus importante.

Les dieux de la Mort sont réalisés entièrement en images de synthèse. Ce qui explique probablement, pour une grande partie, le budget alloué aux films. Ryûk est, dans les films, doublé par Shidô Nakamura, tout comme dans la série animée !

Le single de la chanson que l'on peut entendre dans le second film :
Manatsu no Yoru no Yume par Shikao Suga.
© Death Note Film Partners
© Tsugumi OHBA ~ Takeshi OBATA / SHUEISHA Inc.

Le DVD contenant des bonus et qui permit
aux fans de patienter un peu en attendant
la sortie des deux films.
© Death Note Film Partners
© Tsugumi OHBA – Takeshi OBATA / SHUEISHA Inc.

De très bons résultats

Le budget total des deux films de "Death Note" fut de 2 000 000 000 de yens
(13 000 000 €). Le premier film a comptabilisé 2 230 000 entrées. Il est resté à la
première place des films réalisant le plus grand nombre d'entrées pendant deux
semaines consécutives. Il a engrangé au total un bénéfice de 2 850 000 000 de
yens (18 000 000 €). C'est le 11e meilleur résultat de 2006, derrière les films de
"Conan", "DORAemaon", "Pokémon" et "Otoko-tachi no Yamato" (film live).

Le second volet a totalisé 4 300 000 entrées et a été à la première place
pendant 4 semaines d'affilée. La recette de ce film s'élève à 5 200 000 000
de yens (33 000 000 €). Il est classé à la 5e place des films japonais sortis dans
l'archipel en 2006 (derrière notamment les "Contes des Terremer").
Ainsi, les deux films ont réalisé un bénéfice de plus de 8 000 000 000 de yens, ce
qui reste malgré tout en dessous des prévisions de 5 000 000 000 de yens par
film. Mais ce chiffre reste quand même extrêmement haut.

En prenant en compte les films japonais sortis dans le pays entre 1980 et 2006,
"Death Note 1re partie" est en 84e position, et "Death Note 2nde partie : The Last
Name" en 18e position !!

Un DVD contenant des bonus (mais pas le film) est sorti le 22 novembre 2006,
soit quelques jours après la sortie du second volet en salles, histoire de faire
patienter un peu les fans.
Finalement, les DVD des deux films ont été mis en vente le même jour
(le 14 mars 2007) et sont proposés en plusieurs versions (standard, collector).

L'affiche du premier film.
© Death Note Film Partners
© Tsugumi OHBA – Takeshi OBATA / SHUEISHA Inc.

Et ensuite ?

Les deux films de "Death Note" connurent un succès assez important. Il n'y aura cependant pas de troisième volet, mais un film indépendant mettant en scène L, et dans lequel jouera Erika Toda (l'actrice incarnant Misa dans ces films, mais on ignore si elle reprendra ce même rôle). Le tournage a lieu en 2007 pour une sortie prévue en 2008.

Comment les fans pourront-ils patienter jusque-là ?!

Fiches récapitulatives

Nom	Death Note 1re partie
Réalisateur	Shûsuke Kaneko
Scénariste	Tetsuya Ôishi
Acteurs	Tatsuya Fujiwara
	Ken'ichi Matsuyama
	Asaka Seto
	Yû Kashii
	Shigeki Hosokawa
	Erika Toda
	Shidô Nakamura
	Shunji Fujimura
	Takeshi Kaga
Musique	Kenji Kawai
Directeur de la photographie	Hiroshi Takase
Montage	Yôsuke Yamafune
Distributeur	Warner Bros.
Date de sortie au Japon	17/06/06
Durée	126 minutes

Nom	Death Note 2nde partie - The Last Name
Réalisateur	Shûsuke Kaneko
Scénaristes	Tetsuya Ôishi
	Shûsuke Kaneko
Acteurs	Tatsuya Fujiwara
	Ken'ichi Matsuyama
	Erika Toda
	Nana Katase
	Magî
	Sakura Uehara
	Shidô Nakamura
	Shinnosuke Ikehata
	Shunji Fujimura
	Takeshi Kaga
Musique	Kenji Kawai
Directeur de la photographie	Kenji Takama
Montage	Yôsuke Yamafune
Distributeur	Warner Bros.
Date de sortie au Japon	3/11/06
Durée	140 minutes

Uchû Senshi Edomondo
http://www.animemorial.net

Ce manga est publié dans son sens
de lecture originale, de droite à gauche.

Ici, vous êtes donc à la fin.

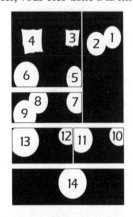

DEATH NOTE

DEATH NOTE © 2003 by Tsugumi Ohba, Takeshi Obata
All rights reserved.
First published in Japan in 2003 by SHUEISHA Inc., Tokyo.
French translation rights in France and French-speaking Belgium, Luxembourg, Switzerland and Canada
arranged by SHUEISHA Inc. through VIZ Media Europe, SARL, France.

© KANA 2007
© KANA (DARGAUD-LOMBARD s.a.) 2011
7, avenue P-H Spaak - 1060 Bruxelles
5e édition

Tous droits de traduction, de reproduction et d'adaptation strictement réservés
pour la France, la Belgique, la Suisse, le Luxembourg et le Québec.

Dépôt légal d/2007/0086/338
ISBN 978-2-5050-0181-2

Conception graphique : Les Travaux d'Hercule
Traduit et adapté en français par Myloo Anhmet
Adaptation graphique : Eric Montésinos

Imprimé en France par Hérissey/Groupe Qualibris - Evreux